La singularidad de Jesús

La vida y enseñanzas de Jesús

INTRODUCCION

Bill Bright

EDITORIAL
UNILIT

Publicado por
Editorial **Unilit**
Miami, Fl. 33172

Primera edición 1995

Traducción al español: Haroldo Mazariegos
Edición: Guillermo Luna

Producto 492307
ISBN 1-56063-472-3
Impreso en Colombia
Printed in Colombia

Contenido

Reconocimientos

La serie, *Los Diez Grados Básicos del Desarrollo Cristiano*, surgió como producto de la necesidad. Cuando el ministerio de Cruzada Estudiantil y Profesional para Cristo comenzó a extenderse rápidamente y a ser conocido en universidades a través de América, miles de estudiantes comprometieron sus vidas con Jesucristo, varios cientos de ellos en una sola universidad, por lo cual, el seguimiento individual para todos aquellos nuevos convertidos era virtualmente imposible. ¿Quién podía ayudarles a crecer en la nueva fe que habían encontrado?

La preparación de una serie de estudios bíblicos diseñada para nuevos cristianos se convirtió en asunto de primera necesidad. Debería ser un estudio que pudiera estimular, tanto a personas individuales como a grupos, a explorar las profundas riquezas de la Palabra de Dios. Aunque ya existían algunos excelentes estudios, sentimos la particular necesidad de producir un nuevo material, especialmente para estos estudiantes universitarios.

En 1955, pedí a algunos de mis asociados que me apoyaran en la preparación de un material de estudio bíblico que pudiera estimular, tanto el compromiso evangelístico, como el crecimiento cristiano en el nuevo creyente. La contribución hecha por los miembros de la directiva de la Cruzada Estudiantil y Profesional para Cristo, fue especialmente significativa debido a su contacto continuo con los estudiantes al llevarlos a Cristo y por las reuniones regulares que mantenían con ellos para discipularlos. Por lo tanto, *Los Diez Grados Básicos del Desarrollo Cristiano* son el fruto de nuestra labor combinada.

Desde este modesto comienzo, otros miembros de nuestro cuerpo de coordinadores han contribuído generosamente. En una ocasión, por ejemplo, me encontré participando en una sesión de investigación y redacción con algunos de nuestros coordinadores, todos egresados de seminarios, unos de ellos con alguna especialización, y uno con un doctorado en teología. Aun más importante era el hecho de que todos estaban activamente comprometidos en "ganar, edificar, y enviar hombres" para cumplir con la causa de Cristo.

Para esta última edición en idioma castellano, quiero agradecer al Ministerio Hispano de nuestra organización y a nuestra oficina Continental para América Latina, cuyo personal preparó cuidadosamente esta versión para el mundo de habla española.

Una palabra personal

En 1946 cuando recibí a Jesucristo como mi Salvador, Señor, y Maestro, había muy poca comunicación y cooperación entre las diferentes denominaciones eclesiásticas y los grupos de ministerios especializados. Las organizaciones como Los Navegantes, Intervarsity (Compañerismo Cristiano), Young Life, y Juventud para Cristo, no nos dieron una cálida acogida. Las murallas de división eran altas, gruesas e impresionantes.

Sin embargo, de ese tiempo para acá, el milagro ha ocurrido. Actualmente, existe un creciente espíritu de amor y armonía. La mayoría de los miembros de la iglesia están cada vez menos preocupados por el denominacionalismo y los grupos de servicio son universalmente respetados, recibidos, y apreciados. ¡Las murallas han sido derribadas!

Efectivamente, el más grande despertamiento espiritual de todos los tiempos está ocurriendo hoy. Más personas están escuchando el evangelio; hay muchos que están recibiendo a Cristo, y aún más se están comprometiendo para ayudar a cumplir la Gran Comisión, comparado con cualquier otra época desde el nacimiento de la iglesia hace 2,000 años.

En los Estados Unidos, una tercera parte de la población adulta se identifican a sí mismos como nacidos de nuevo, como cristianos evangélicos. Más de 100 millones de personas asisten a la iglesia cada domingo y muchos más escuchan regularmente los programas trasmitidos por la radio y la televisión cristiana.

Sin embargo, tenemos un serio problema: estos hechos no se reflejan lo suficiente en la vida de la nación. De acuerdo a nuestras encuestas, menos de 50% de los miembros de las iglesias norteamericanas tienen seguridad de salvación, sólo 5% entienden el ministerio del Espíritu Santo, y solamente 2% comparten regularmente su fe en Cristo. Obviamente, hay algo que anda muy mal.

El Señor Jesucristo nos ha mandado que seamos la sal de la tierra y la luz del mundo, pero en lugar de ser un número mayoritario en la población, tenemos una precaria influencia en el gobierno, la educación, la comunicación, o en cualquier otro sector de nuestra sociedad. Hay necesidad de que se produzca un gran avivamiento que revolucione América y el mundo. Para influenciar al mundo de manera efectiva, el Cuerpo de Cristo debe crecer espiritualmente, presentando a hombres y mujeres al Salvador y ayudando a otros creyentes a alcanzar un alto nivel de madurez. El cristiano debe asumir el compromiso de vivir una vida santa y alcanzar su propia comunidad con el evangelio.

El estudio profundo de la Palabra de Dios, es factor determinante para cumplir con estos propósitos. *Los Diez Grados Básicos Del Desarrollo Cristiano*, consistentes en este libro introductorio, más diez pasos dinámicos para caminar con Cristo y experimentar una vida de gozo y victoria, han sido escritos para facilitar ese tipo de estudio.

A pesar de que fue diseñado originalmente para ayudar a los estudiantes universitarios a explorar las riquezas de la Palabra de Dios, el curso ha sido igualmente efectivo con adultos y jóvenes en iglesias, en estudios bíblicos en hogares, en instituciones militares, en las cárceles, y en muchos centros estudiantiles del nivel medio y superior.

Hoy día, la obra completa, que incluye el *Manual del Maestro de los Diez Grados Básicos del Desarrollo Cristiano*, ha sido revisado, ampliado y actualizado y puede ser usado en forma personal y también en grupos de estudio bíblico. Es igualmente efectiva para cualquier cristiano que quiera crecer espiritualmente.

Este curso ha sido preparado de tal modo, que cuando es usado con el *Manual del Maestro*, aun por alguien que enseña por primera vez, y que por ende carece de experiencia, puede aún así dirigir un estudio bíblico exitosamente.

Es mi oración, que estos estudios bendigan y enriquezcan grandemente su vida y que además lo animen en su crecimiento hacia una plena madurez en Cristo. También tengo la confianza que como resultado su testimonio personal para la causa de Cristo será mucho más eficaz.

Bill Bright

Lo que este estudio hará por usted

Quién diría usted que es la figura central de toda la historia? la mayoría de la gente, creyentes y no creyentes, admiten que es Jesucristo.

Si usted se ha preguntado por qué Jesús es un personaje único y dominante en la historia, se entusiasmará al leer *La singularidad de Jesús.* Este estudio es la introducción a los *Diez Grados Básicos del Desarrollo Cristiano,* una serie de estudios diseñados para proporcionarle una base segura de su fe.

Usted se beneficiará con este estudio introductorio de dos maneras:

Primero, *al saber quién es realmente Jesucristo.*

Jesús es el personaje más notable y fascinante de la historia. Cuando caminó sobre la tierra, conmovió a las personas dondequiera que él estuvo. Este estudio presenta a la persona de Jesucristo, quién es El, Su vida terrenal, Su muerte, y Su resurrección, y la continuación de Su ministerio en la vida de todos los creyentes.

Mediante este estudio, usted obtendrá una mejor comprensión de la naturaleza de Cristo. Descubrirá por qué la vida de este personaje y la iglesia que El fundó, hicieron estallar un explosivo movimiento que ha transformado dramáticamente a la sociedad a través de los siglos.

Segundo, *al comprender lo que él ha hecho por usted.*

Mientras nota los privilegios y responsabilidades de la vida cristiana, descubrirá el

Un estudio cuidadoso de los Diez Grados Básicos le mostrará cómo caminar diariamente en el poder del Espíritu Santo.

secreto de Su poder que lo transformará y le dará una vida abundante y fructífera. Usted aprenderá lo que significa rendirse totalmente a Cristo y permitirle que viva Su vida en y a través de usted.

Cuando usted aplique los principios aprendidos en este estudio, advertirá que vienen cambios a su vida. Aprenderá cómo recibir a Cristo como su Señor y Salvador, y tendrá la oportunidad de invitarlo a entrar en su vida si aún no lo ha hecho.

Fundamentos para la fe

El curso los *Diez Grados Básicos,* utilizado en su tiempo personal de meditación o en un ambiente de grupo, puede darle un método eficiente para estudiar la Biblia y comprender la fe cristiana.

El estudio de los *Diez Grados Básicos* se divide en once partes, con un cuaderno para el estudio introductorio y otro para el estudio de cada uno de los Diez Grados. Estas guías de estudio se relacionan con el *Manual del Maestro de los Diez Grados Básicos.*

Una vez concluido el Grado introductorio, le animo a que continúe con el Grado #1 y así sucesivamente hasta que haya completado el Grado #10. Estudie las lecciones con diligencia y revise cada paso periódicamente de modo que haga suyos los principios aprendidos.

Si usted es un cristiano nuevo, los *Diez Grados Básicos* le pondrán en conocimiento de las principales doctrinas de la fe cristiana. Al aplicar los principios que usted aprenda, crecerá espiritualmente y encontrará solución a los problemas que puede enfrentar como nuevo creyente.

Si usted es un cristiano maduro, descubrirá las herramientas que necesita para ayudar a otros a recibir a Cristo y a madurar en su fe. Su propósito de seguir al Señor se afirmará, y descubrirá cómo desarrollar un plan de estudio y una vida devocional efectivos.

Un estudio asiduo de los *Diez Grados Básicos del Desarrollo Cristiano le mostrará también cómo caminar diariamente en el poder del Espíritu Santo, y le capacitará para que experimente una vida cristiana más gozosa y victoriosa.*

Usted está a punto de iniciar uno de los estudios bíblicos más extraordinarios y que más vidas han ayudado. Millones de personas a través del mundo están hoy siguiendo a Jesucristo y experimentando el poder de Su resurrección, debido a que este estudio les ayudó a construir una base sólida para su fe.

Cómo usar este estudio

En la página 13 de esta introducción, usted encontrará un artículo inicial, intitulado "La Singularidad de Jesús". El artículo le dará una clara perspectiva de quién es Jesús. Léalo cuidadosamente antes de proceder a las lecciones individuales.

La introducción contiene seis lecciones, más un resumen o repaso. Al final de algunos de los pasos, usted encontrará material suplementario. Asegúrese de leer esto y apropiarse de sus principios.

Cada lección está dividida en dos secciones: el estudio bíblico y la aplicación práctica.

Empiece por considerar el objetivo de la lección que está estudiando. El objetivo establece la meta principal de su estudio. Mantenga esto presente mientras estudia el resto de la lección.

Además, han sido provistos versículos bíblicos apropiados para memorizar que le ayudarán en su andar con Cristo. Aprenda cada versículo escribiéndolo en una pequeña tarjeta que pueda llevar consigo. Usted puede comprar estas tarjetas en cualquier librería o venta de artículos de oficina, o bien puede hacerlas usted mismo. Revise diariamente los versículos que ha memorizado.

No puedo dejar de enfatizar la importancia que tiene la memorización de versículos de la Biblia. Nuestro Señor nos ordena que aprendamos su Palabra. Proverbios 7:1-3 nos recuerda:

Déle a Dios la oportundad de hablarle, y permita que el Espíritu Santo le enseñe

Hijo mío, guarda mis razones, y atesora contigo mis manda-
mientos. Guarda mis mandamientos y vivirás, y mi ley como
las niñas de tus ojos. Lígalos a tus dedos; escríbelos en la
tabla de tu corazón.

Al meditar en los versículos memorizados y apropiar las promesas de Dios, usted experimentará el gozo, la victoria, y el poder que la Palabra de Dios le brinda en su andar cristiano.

Una vez que haya terminado todos los estudios de la serie, estará en capacidad de desarrollar su propio estudio bíblico, y continuar con un método sistemático para la memorización de la Palabra de Dios.

Cómo estudiar las lecciones

La lectura esporádica de la Biblia pone al descubierto hechos espirituales de fácil comprensión. Sin embargo, para entender las verdades profundas se requiere estudio. Con frecuencia la diferencia entre leer y estudiar es el uso de un cuaderno de notas y un lápiz.

Cada lección de esta serie cubre un importante tema y le da la oportunidad de anotar sus respuestas a las preguntas. Dedique un mínimo de treinta minutos diarios, preferiblemente en la mañana, al estudio bíblico, la meditación y la oración.

Recuerde, el objetivo primordial y el beneficio de un tiempo de meditación o de estudio bíblico, no son el adquirir conocimiento o almacenar información bíblica, sino el encontrarse con Dios en una manera amorosa y personal.

A continuación encontrará, algunas sugerencias que le ayudarán en su tiempo de estudio.

♦ Haga planes para establecer un tiempo y un lugar específicos para realizar estos estudios. Literalmente, haga una cita con Dios, y luego llévela a cabo.

♦ Use un lápiz o una pluma, su Biblia, y un cuaderno de notas.

♦ Comience con una oración, invocando la presencia, la bendición, y la sabiduría de Dios.

♦ Medite en el objetivo de la lección para determinar de qué manera se ajusta a sus circunstancias.

♦ Memorice los versículos sugeridos.

♦ Proceda al estudio bíblico, confiando en que Dios lo instruirá a través del mismo. Ore y espere que Dios se haga presente con usted. Trabaje cuidadosamente, leyendo los pasajes de la

Biblia, meditando detenidamente en las preguntas. Conteste cada una lo más completamente posible.

◆ Cuando llegue a la sección "Aplicación práctica", responda las preguntas con sinceridad y empiece a aplicarlas a su propia vida.

◆ En actitud de oración, lea toda la lección una vez más y reevalúe sus respuestas de la sección "Aplicación práctica". ¿Deben ser cambiadas las respuestas, o quizás refinarlas?

◆ Revise los versículos para memorizar.

◆ Considere una vez más el objetivo y determine si ha sido alcanzado. Si no, ¿qué es lo que usted debe hacer?

◆ Concluya con una oración de gratitud, y pídale a Dios que le ayude a crecer espiritualmente en aquellas áreas que El le ha revelado específicamente.

◆ Cuando termine las seis primeras lecciones de esta introducción, invierta tiempo adicional en el Repaso para asegurarse de que ha entendido perfectamente cada lección.

◆ Si necesita estudiar un poco más esta introducción, pida a Dios, una vez más, sabiduría y repase cualquier lección (o lecciones) que necesite más atención, repitiendo el procedimiento hasta que esté convencido de que es capaz de aplicar las verdades a su propia vida.

El propósito de este estudio no ha sido desarrollar exhaustivamente los grandes temas de la fe cristiana. Sin embargo, un estudio cuidadoso del material, le dará, con la ayuda de Dios, una comprensión aceptable de cómo puede usted conocer y aplicar el plan de Dios a su vida. Las verdades espirituales contenidas aquí, le ayudarán a encontrarse con el Señor Jesucristo de manera íntima y a descubrir la vida plena y abundante que Cristo ha prometido (San Juan 10:10).

No se apresure en el estudio de las lecciones. Dedique tiempo para pensar en las preguntas. Medite en ellas. Absorba la verdad planteada y haga de la aplicación una parte de su vida.

Déle a Dios la oportunidad de hablarle, y permita que el Espíritu Santo le enseñe. Al invertir tiempo en oración y estudio con el Señor, y al confiar en El y obedecerle, experimentará el extraordinario gozo de Su presencia (San Juan 14:21).

La singularidad de Jesús

Hace algún tiempo, un brillante joven, estudiante de medicina originario de otro país y devoto seguidor de una de las religiones orientales, vino a verme. Habían pasado algunos meses después de habernos conocido y ya éramos buenos amigos, de modo que comencé a hacerle algunas preguntas.

"¿Quién, en tu opinión, es el más grande líder que el mundo ha conocido? ¿Quién ha sido el mayor benefactor de la humanidad?"

Después de unos momentos de vacilación, respondió:

"Estoy seguro de que Jesús ha hecho mucho más bien que cualquier otro ser humano que haya vivido. Yo diría que El es el líder más grande."

Entonces le pregunté:

"¿A quién consideras tú el más grande maestro?"

Yo esperaba que él mencionaría a Sócrates, Aristóteles, Platón, Confucio o cualquier otro de los grandes filósofos de la antigüedad o de los tiempos modernos. Pero contestó:

"El más grande maestro es Jesús."

Finalmente le pregunté:

"En tu opinión, ¿quién, en toda la historia de la humanidad, ha vivido la vida más santa?"

Ninguna persona en la historia ha influenciado más al mundo que Jesucristo.

Inmediatamente respondió:

"Ninguno ha vivido vida más santa que Jesús."

He hecho estas mismas preguntas a hombres de muchas religiones, incluso a ateos y comunistas, y la respuesta de toda persona inteligente y culta ha sido siempre la misma: "Jesús".

Desde luego, nunca ha habido nadie que pueda compararse con Jesús de Nazaret. El es único entre todos los seres humanos que han existido.

Influencia mundial

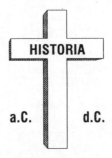

Ninguna otra persona en el curso de la historia ha podido influenciar al mundo más poderosamente que Jesucristo. Su vida y mensaje han cambiado radicalmente la vida de personas y naciones. La historia es realmente "Su historia". Si usted quita la persona de Jesucristo de la historia, ésta sería completamente diferente.

En los últimos dos mil años, El ha sido la pieza central de la humanidad. Carlos Spurgeon, teólogo inglés, escribió:

> *Cristo es la figura central en la historia de la humanidad. Todo lo pasado y lo futuro apunta hacia él. Todos los acontecimientos de la historia convergen en él. Todos los grandes propósitos de Dios culminan en él. El más espectacular y supremo acontecimiento que la historia de la humanidad registra, es su nacimiento.* [1]

Considere la fecha que corresponde a este día. Esta da testimonio del hecho que Jesús de Nazaret, el Cristo, vivió en la tierra. A.C. significa antes de Cristo, de igual manera, d.C. significa después de Cristo".

Jesús ha influenciado al mundo entero. El Nuevo Testamento declara que en Cristo no hay ni hombre ni mujer, ni esclavo ni libre. Dondequiera que Cristo se ha hecho presente, la dignidad humana y los derechos personales han sido reconocidos y fomentados.

1. Sherwood Eliot y Kersten Beckstrom, *Living Quotations for Christians* (New York: Harper & Row Publishers, 1974), No.1749

También, se han establecido instituciones de enseñanza superior y clínicas para cuidados médicos. Además, han sido decretadas leyes laborales que protegen a los niños, la esclavitud ha sido abolida, y una multitud de cambios se han hecho para beneficio de la humanidad.

Sería imposible presentar la magnitud de la influencia de Cristo en el mundo. Yo solamente puedo acercarlos al umbral de la historia para examinar algunos de los aspectos en los cuales, su vida y mensaje han hecho una dramática diferencia en la civilización.

Reforma social

Jesús dio de comer a los hambrientos, sanó a los enfermos, consoló a los desposeídos y amó a los marginados de la sociedad.

Millones de creyentes han seguido Su ejemplo a través de los siglos y cuanto más serios han sido los problemas sociales, mayor ha sido el anhelo de hombres y mujeres cristianos de encontrar el alivio para todos estos males.

Desde el principio, los seguidores de Jesús trataron a las personas con una dignidad y respeto desconocidos en la cultura pagana de su tiempo. Como resultado, dondequiera que los misioneros llevaron el evangelio de Cristo, las condiciones sociales fueron dramáticamente mejoradas y las culturas fueron enriquecidas.

Los cristianos establecieron hospitales y escuelas, promovieron las reformas carcelarias, fundaron orfanatos, proveyeron alivio para el problema del hambre, elevaron la condición de la mujer y trabajaron arduamente para abolir costumbres de crueldad social, incluyendo el canibalismo y los sacrificios humanos. Otros líderes cristianos, como William Booth, fundador del Ejército de Salvación, comenzaron a empeñarse en aliviar el sufrimiento humano en áreas urbanas.

Hoy día, comités de creyentes cristianos están luchando para eliminar el aborto y poner un alto a la eutanasia; trabajan diligentemente para reducir el abuso de niños, la drogadicción y el alcoholismo; buscan eliminar la pornografía y toman fuertes posturas contra la homosexualidad. Las organizaciones cristianas coordinan acciones contra problemas viejos tales como los prejuicios, la pobreza, el hambre y la desintegración familiar.

La medicina

Jesucristo también se preocupó por todos aquellos que eran víctimas de enfermedades e invalidez. Sanó al leproso y al lisiado y dio vista al ciego. En el proceso, enseñó a sus discípulos a manifestar la misma compasión.

Los creyentes se han preocupado por los enfermos desde los tiempos de Cristo. La Cruz Roja, una institución fundada por cristianos, surgió con el propósito de proveer cuidados para la salud, estimular la educación de la salud pública y aliviar el sufrimiento humano. En la actualidad, miles de desposeídos han sido beneficiados por cristianos que comparten el amor de Cristo en palabras y hechos por medio del cuidado médico.

Los negocios

Los principios de Jesús han afectado al mundo de los negocios.

La iglesia primitiva enseñó la dignidad del trabajo, y los creyentes fueron amonestados a trabajar con diligencia. Durante la Edad Media, los monasterios mejoraron la agricultura, al desarrollar el aumento de las cosechas y los métodos de labranza. La iglesia también insistió en establecer precios justos para los productos y salarios dignos para los trabajadores.

La Reforma Protestante inspiró dramáticos cambios en el mundo de los negocios. Al enfatizar cada vocación como un "llamado" de Dios, los cristianos estimularon la creación de una nueva clase media urbana.

En tiempos más modernos, bajo el liderazgo de Juan Wesley y George Whitefield, muchos cristianos, individualmente y en grupos, comenzaron a luchar por las reformas de trabajo. Algunos lucharon por reglamentos para proteger a las mujeres y a los niños en las minas y en la industria. Otros se opusieron a los trabajos forzados, ayudando a establecer leyes laborales para niños y formando uniones laborales y sindicatos.

Muchos hombres piadosos, tales como J.L. Kraft, propietario de "Quesos Kraft", y J.C. Penny, fundaron verdaderos imperios comerciales con sus nombres, basando sus negocios en principios bíblicos y procurando crear condiciones laborales justas y beneficiosas para sus empleados.

Las ciencias

El cristianismo ha dejado una profunda huella en el desarrollo de las ciencias. El concepto bíblico de un universo ordenado y seguro, formado y sostenido por un Creador divino, llegó a ser el fundamento de muchos de los descubrimientos científicos en la historia.

Las enseñanzas de Cristo inspiraron la reflexión de muchos de los célebres precursores de las ciencias modernas, incluyendo a Roger Bacon, Nicolás Copérnico, Juan Kepler, Galileo Galilei, Blas Pascal e Isaac Newton. El pensamiento cristiano también fue básico para la aplicación de la ciencia, fomentando la industrialización, el progreso de la medicina, la investigación espacial y los avances en otros campos científicos.

Durante los siglos diecinueve y veinte, muchos científicos han tratado de separar la ciencia de la religión, pero descubrimientos e informaciones recientes demuestran la vacuidad de la ciencia sin Dios. Hoy día, un creciente número de científicos se están uniendo a la larga lista de los famosos precursores que abrazaron la fe bíblica en Cristo Jesús.

Ley y gobierno

Los principios cristianos han tenido un efecto significativo en la ley y el gobierno. Los primeros cristianos promovieron la justicia. Políticos convertidos a Cristo trabajaron para legislar en defensa de las viudas, de los huérfanos, de los pobres, y contra las prácticas inmorales e inhumanas. La influencia cristiana opuso vigorosa resistencia a las invasiones bárbaras y trajo una vida ordenada a las tribus paganas.

El sistema legal inglés surgió de la idea de que el hombre debe rendir cuentas ante una ley suprema basada en la Biblia. De igual manera, los principios bíblicos de libertad y justicia proveen una base para la Constitución de los Estados Unidos de Norteamérica y de otros países progresistas.

Artes y cultura

Los ideales cristianos se han reflejado en el arte y en la cultura. Los primeros cristianos le dieron una nueva dirección al enfoque pagano de las artes de su tiempo. Comenzando con el Nuevo Testamento, los creyentes crearon una gama de literatura en medio de la agonizante civilización romana. En el siglo cuarto, las artes fueron preservadas y desarrolladas casi exclusivamente dentro de la iglesia.

Después de la Reforma Protestante, los artistas fueron inspirados por muchas de las diferentes escuelas de pensamiento cristiano. El luteranismo introdujo toda una nueva himnología; el catolicismo romano influyó en artistas como Rembrandt. Miguel Angel, Leonardo DaVinci y Rafael expresaron temas bíblicos en su arte y esculturas.

La dinámica música espiritual de Bach, Beethoven y Handel resuena a través de las edades. John Bunyan, Dante y Milton concentraron su talento literario en motivos tomados de las Sagradas Escrituras. Aun artistas que no profesaban fidelidad a Jesucristo, usaron símbolos y motivos cristianos en sus obras.

La educación

Una de las más consistentes e importantes influencias del cristianismo fue el apoyar la educación. En los primeros siglos, la iglesia asumió la tarea de incrementar la alfabetización, de modo que cada creyente pudiera leer las palabras de Jesús.

En la época del oscurantismo de la Edad Media, la iglesia se dedicó exclusivamente a sostener escuelas y fundar universidades, las cuales se convirtieron en verdaderos centros de actividad intelectual y, además, desarrollaron grandes bibliotecas.

Eventualmente la Reforma propició la educación de las masas, y la alfabetización se difundió entre las mujeres. Como resultado de todo esto, se modificaron los métodos educativos y planes de estudio. Cientos de universidades cristianas fueron establecidas, muchas de las cuales, permanecen hasta ahora entre las instituciones académicas más prestigiosas del mundo.

Dondequiera que los misioneros cristianos se establecieron, las condiciones educativas fueron elevadas. Estos devotos creyentes dieron forma escrita a cientos de lenguas y enseñaron a leer y a escribir a millones de personas. Hoy, muchos grupos misioneros continúan su labor en áreas aisladas del mundo.

La influencia de Jesús continúa revolucionando el mundo. El cristianismo ha reducido las diferencias culturales, los prejuicios étnicos y las diferencias políticas.

Influencia personal

He visitado cientos de universidades alrededor del mundo y he hablado a cientos de miles de universitarios, hombres y mujeres acerca de Jesucristo. He encontrado profesores y estudiantes que eran antagonistas recalcitrantes hacia El. Algunos de ellos afirmaban que Jesucristo no es más que un mito, o sencillamente un gran hombre.

Posteriormente, algunos de ellos, buscando ser intelectualmente honestos, cambiaron por completo su criterio y se convirtieron en seguidores de Jesús.

Fui profundamente conmovido mientras leía un artículo acerca de un erudito en la sección de crítica literaria del periódico *"Los Angeles Times"* un domingo por la mañana allá por el año 1949. Mis ojos se detuvieron en la foto de un anciano y venerable profesor, el doctor Ciryl E.M. Joad, y la dramática historia del cambio que tuvo lugar en su vida.

El doctor Joad era uno de los más grandes filósofos contemporáneos. Fue director del departamento de filosofía de la Universidad de Londres. El y sus colegas, Julián Huxley, Bertrand Russell, H.G. Wells y George Bernard Shaw, constituyeron probablemente, el grupo del mundo universitario de la pasada generación que más se empeñó en desprestigiar la fe cristiana.

El doctor Joad, creía que Jesús era solamente un hombre y que Dios era parte del universo. El pensó que si el universo podía destruirse, también Dios sería destruido. Creía que no había tal cosa como "el pecado" y que el hombre estaba destinado a la utopía.

El artículo describía los muchos años que él había sido antagonista del cristianismo y su negación de la existencia del pecado. De todos modos, decía, las dos guerras mundiales y la inminencia de una tercera le habían demostrado concluyentemente que el hombre era de veras pecador. Ahora él creía que la única explicación para el pecado, se encontraba en la Biblia, y que la única solución para el pecado era la cruz de Cristo. Antes de su muerte, el doctor Joad se convirtió en un celoso seguidor de Jesús.

Unica explicación   Unica solución

Otro ejemplo es Lew Wallace, famoso general y genio literario. El se propuso escribir un libro cuyo objetivo era destruir para siempre el mito del cristianismo. El señor Wallace, cuenta cómo invirtió dos años en las mejores bibliotecas de Europa y América buscando información para escribir el libro. Antes de concluir el segundo capítulo, se encontró de pronto arrodillado y clamando a Jesús, diciendo: "Mi Señor y mi Dios". La evidencia que descubrió sobre la deidad de Cristo, lo convenció categóricamente de que Cristo Jesús era el Hijo de Dios, el único Salvador del hombre.

Después, Lew Wallace escribió "Ben Hur", una de las más grandiosas novelas que se hayan escrito acerca de los tiempos de Jesús.

Consideremos también el ejemplo de C.S. Lewis, escritor y profesor en las universidades de Oxford y Cambridge en Inglaterra, quien fue un agnóstico por muchos años. El trató de convencerse a sí mismo de que el cristianismo era ineficaz. Pero después de un largo proceso buscando respuestas, recibió a Cristo como su Salvador personal y su Señor mientras estaba en Oxford. El describió ese momento de la siguiente manera:

> *"Usted debe imaginarme solo en aquel cuarto en el Magdalen College, noche tras noche, sintiendo cada vez que mi mente se distraía de mi trabajo aún por un segundo, el firme e inexorable acercamiento de Aquél a quien yo había deseado tan intensamente no encontrar." "Aquéllo que yo había temido tanto, por fin me había sobrevenido. En el período escolar del verano de 1929, me di por vencido y admití que Dios era Dios y me arrodillé y oré; era quizás, aquella noche, el más abatido y reacio convertido en toda Inglaterra".* [2]

C.S. Lewis se convirtió en un devoto seguidor de Jesucristo y escribió muchos libros defendiendo su fe en Cristo. En su libro *"Cristianismo y Nada Más"*, escribe:

1. Una Persona
2. Perfectamente Dios
3. Perfectamente Hombre
4. Dios-Hombre

> *"Ud. puede tildarlo de loco, puede escupirlo y matarlo como a un demonio; o puede caer a sus pies y llamarlo Señor y Dios. Pero no vengamos con la idea absurda de que El fue un gran maestro de moral. El no nos ha dejado esa alternativa. Ese no fue su propósito".* [3]

2. C.S. Lewis, *Surprised by Joy: The Shape of My Early Life* (New York: Harcourt and Brace, 1966) pp.228,229.
3. C.S. Lewis, *Mere Cristianity* (New York: The MacMillan Company, 1969), pp.40,41.

C.S. Lewis concluyó que Jesús es, de hecho, más que un buen maestro moralista: El es el Salvador del mundo.

¿Quién es Jesús de Nazaret para usted? ¿Es un mito? ¿Un hombre solamente? ¿O es el Hijo de Dios? Su respuesta a estas preguntas determinará su destino eterno, y la calidad de vida que usted experimente en esta tierra.

El Hijo de Dios

Hay ocasiones en que la gente pregunta: ¿Está en realidad el cristianismo fundado sobre hechos históricos? Cuando hablo acerca de Jesús con algunos de los más grandes eruditos contemporáneos, me quedo perplejo al darme cuenta de que muchos de ellos no creen que Jesús es el Hijo de Dios, nuestro Salvador.

Sin embargo, estos ignoran las verdades básicas del evangelio; y a pesar de esto, tienen la osadía de tomar una postura con respecto a un hecho que no comprenden a cabalidad.

También he encontrado personas que han considerado con sinceridad las abrumadoras evidencias que prueban la deidad de Jesús de Nazaret, y no obstante, no admiten que sea el Hijo de Dios.

Sí, he encontrado a algunos que no creen que Jesús es el Hijo de Dios; y a medida que hemos hablado y razonado juntos, han sido sinceros en confesar: "Nunca me he tomado el tiempo para leer la Biblia o considerar los hechos históricos relacionados con Jesús".

Su rechazo y en algunos casos el resentimiento que sienten hacia Cristo, se debe principalmente a la carencia de conocimiento, a desafortunadas experiencias emocionales, al mal testimonio de algunos cristianos, o quizás, a la influencia de algún maestro de la escuela o de algún profesor universitario; pero siempre han admitido que nunca han considerado sinceramente a la persona de Jesús y las demandas que El hace a sus vidas.

La Palabra de Dios provee abundantes testimonios acerca de la deidad de Cristo. Pablo escribe en Colosenses 1:13-17,20:

(Dios) el cual nos ha librado de la potestad de las tinieblas, y trasladado al reino de su amado Hijo, en quien tenemos redención por su sangre, el perdón de pecados.

El es la imagen del Dios invisible, el primogénito de toda creación. Porque en él fueron creadas todas las cosas, las que hay en los cielos y las que hay en la tierra, visibles e invisibles; sean tronos, sean dominios, sean principados, sean potestades; todo fue creado por medio de él y para él. Y él es antes de todas las cosas, y todas las cosas en él subsisten;

Y por medio de él reconciliar consigo todas las cosas, así las que están en la tierra como las que están en los cielos, haciendo la paz mediante la sangre de su cruz.

En Hebreos 1:1-3 dice:

Dios, habiendo hablado muchas veces y de muchas maneras en otro tiempo a los padres por los profetas, en estos postreros días nos ha hablado por el Hijo, a quien constituyó heredero de todo, y por quien asimismo hizo el universo; el cual, siendo el resplandor de su gloria, y la imagen misma de su sustancia, y quien sustenta todas las cosas con la palabra de su poder, habiendo efectuado la purificación de nuestros pecados por medio de sí mismo, se sentó a la diestra de la Majestad en las alturas.

Jesucristo, el Hijo de Dios, es la única respuesta a las necesidades del mundo de hoy. Hay muchas cosas que El puede hacer por nosotros que ningún otro puede hacer. En este momento, quiero concentrarme en cuatro puntos específicos.

Primero, Jesús es el único que puede **perdonar** nuestros pecados. Segundo, sólo El, puede dar **propósito** a su vida. Tercero, sólo El puede darnos **paz** cuando nuestro corazón está atribulado. Y finalmente, sólo El puede darnos el **poder** para vivir una vida abundante.

Sólo Jesucristo nos puede perdonar los pecados

La Biblia proclama que Dios es Santo y que el hombre es pecador. El salmista dice: "Porque Jehová nuestro Dios es santo" (Salmo 99:9). El apóstol Pablo dice: "Por cuanto todos pecaron, y están destituidos de la gloria de Dios" (Romanos 3:23).

El pecado es mucho más que mentir, robar, o vivir una vida depravada. El pecado es una actitud, es darle la espalda a Dios y tomar nuestro propio camino. El pecado produce un abismo tan enorme entre Dios y nosotros, que los más elevados y nobles esfuerzos no pueden superar. El pecado nos impide tener una relación personal con Dios.

Si usted hace un estudio cuidadoso de las religiones más populares del mundo, se va a percatar muy pronto, de que no existe provisión para el perdón de los pecados fuera de la cruz de Cristo Jesús. La mayoría de las religiones sustentan la filosofía de las buenas obras como el medio para la salvación. El hombre se aferra al concepto de que si sus buenas obras superan a las malas, irá al cielo; pero si sus obras malas sobrepasan a las buenas, irá al infierno, si es que hay infierno. Por supuesto, nunca sabrá si irá al cielo o al infierno hasta que muera. ¡Qué tragedia! ¡Cuán inútil es tal o cual filosofía o religión! Pero Dios ha prometido que podemos conocerlo y disfrutar su compañía ahora y por la eternidad... a través de Su Hijo, el Señor Jesucristo.

En el Antiguo Testamento, los israelitas traían sus ofrendas, un cordero sin mancha, una paloma, o una tórtola, al sacerdote. El animal era degollado y el sacerdote rociaba la sangre en el altar para cubrir temporalmente el pecado. Esta ofrenda era una imagen del cordero escogido de Dios que habría de venir, y cuya sangre no sería para cubrir temporalmente el pecado del hombre, sino que lo limpiaría para siempre.

El cumplimiento de esta imagen antiguotestamentaria, está asentado en el Nuevo Testamento. Jesús dijo:

> *Sacrificio y ofrenda no quisiste; mas me preparaste cuerpo. Holocaustos y expiaciones por el pecado no te agradaron. Entonces dije: He aquí que vengo, oh Dios, para hacer tu voluntad, como en el rollo del libro está escrito de mí.*
> *(Hebreos 10:5-7)*

Dios envió a su único Hijo, el Cordero de Dios, sin mancha ni contaminación, para derramar su sangre en la cruz para el perdón de nuestros pecados. Esto significa que a través de Jesucristo, usted puede conocer a Dios y tener comunión con El ahora y por la eternidad.

Santo

Cristo

Pecador

Aún siendo usted un pecador, Dios lo amó de tal manera que envió a su Hijo a morir en la cruz por usted, para darle vida eterna. Como un prisionero que enfrenta una segura ejecución, y es repentinamente liberado, usted puede ser perdonado del pecado a través de la muerte y resurrección de Cristo.

Tal amor está mucho más allá de nuestra comprensión humana. El amor de Dios es incondicional, inmerecido, y basado solamente en su gracia y misericordia. El nos ama a pesar de nuestra desobediencia, de nuestras debilidades , de nuestro pecado y de nuestro orgullo. Por su especial amor, Dios quiere darnos vida abundante, vida de gozo. No hay razón para temer a alguien que nos ama perfectamente. Podemos creerle con todo nuestro ser.

Basado en su amor incondicional, Dios nos perdona totalmente, nos limpia perfectamente y olvida nuestros pecados completamente.

Después de concluida una conferencia en el auditorio de una universidad del medio oeste, un grupo de estudiantes permaneció en su lugar con el deseo de saber qué debían hacer para convertirse al cristianismo. Entre ellos, se encontraba un joven estudiante hindú que se paseaba de un lado para otro, enojado e impaciente. Cuando hablamos dijo, "Me ofenden gravemente ustedes los cristianos. Me molesta la arrogancia con la cual ustedes afirman poseer el único camino para llegar a Dios. Yo creo que el cristianismo es un camino, pero no el único. El hinduísmo es otro, y el budismo y el shintoísmo también son otros caminos hacia Dios.

Llamé su atención hacia los escritos del gran lider hindú, Mahatma Ghandi, quien, a pesar de toda su devoción a su religión, expresó en su autobiografía, "Es una constante tortura para mí permanecer lejos de Aquél de quien yo sé es mi misma vida y mi ser. Reconozco que es mi miserable naturaleza y debilidad lo que me mantiene alejado de El".

Este talentoso joven me confesó que tiempo atrás él había creído que Ghandi era Dios. Pero por supuesto, había cambiado de opinión. Además de ser un fiel devoto, el muchacho era excepcionalmente inteligente, estaba completando simultáneamente dos doctorados, uno en física y otro en química.

A medida que la conversación fue desarrollándose, su enojo fue disminuyendo, y empezó a darse cuenta que el cristianismo era diferente. Se percató que no era otra religión o filosofía de manufactura humana, sino que la fe cristiana otorgaba la provisión para la necesidad fundamental del ser humano: perdón para el pecado. También admitió que no había encontrado la respuesta para sus necesidades, y que a pesar de ser devoto de su religión, diligente en la lectura de los escritos sagrados del hinduísmo, y fiel practicante de sus tiempos de oración y los rituales de su fe, tenía que confesar que jamás había encontrado a Dios. Le hice ver la diferencia en la calidad de vida de sus amigos cristianos, y admitió que ellos tenían algo que él no poseía. Era obvio que ese "algo" era el Salvador que había venido a vivir en ellos y a perdonarles sus pecados.

Por espacio de una hora, discutimos las diferencias entre el cristianismo y las otras religiones del mundo. Por ejemplo, usted puede sacar a Buda del budismo, a Mahoma del Islam, y de la misma manera a otros fundadores de otros sistemas religiosos, y se producirán pequeños cambios. Sin embargo si usted saca a Cristo del cristianismo, éste quedará vacío.

Por otro lado, el cristianismo bíblico no es una filosofía de la vida o una serie de códigos éticos. Es una relación personal con Dios, el creador del universo, quién se reveló a sí mismo al hombre, por medio de su único Hijo, el Señor Jesucristo.

Finalmente, se encendió la luz en su mente y este joven hindú comprendió la gran verdad del perdón para el pecador a través del sacrificio de nuestro Salvador en la cruz. En silencio inclinó su cabeza. Este apreciado joven estudiante ahora hacía oración de todo corazón, para que Jesús de Nazaret, el resucitado, el Hijo del Dios viviente, viniera a su vida, perdonara sus pecados y se constituyera en su Señor y Maestro. La Biblia dice:

No hay otro nombre debajo del cielo dado a los hombres en que podamos ser salvos (Hechos 4:12).

Solamente Jesús puede perdonar pecados.

Sólo Jesucristo da propósito

Jesús de Nazaret no sólo es el único que puede perdonar nuestros pecados, sino que también es el único que puede darnos un propósito para vivir.

Es muy probable, que de algún tiempo acá, usted se haya preguntado: ¿De dónde vengo? ¿Por qué estoy aquí? ¿Qué me sucederá cuando muera? El verdadero propósito de la vida, ha sido la gran interrogante de la humanidad desde el principio. Sin la respuesta a esta pregunta, los seres humanos se desesperan.

Por ejemplo, el famoso filósofo e historiador H. G. Wells se lamentó al acercarse el fin de su vida: "No tengo paz. He llegado al límite de lo que puedo soportar".

Lord Byron, el poeta, dijo: "Mis días están en el ocaso, las flores y los frutos de la vida se han ido; la oruga, la llaga ulcerada y la aflicción son mías solamente".

Henry David Thoreau, el gran genio literario, dijo: "La mayoría de los hombres viven vidas de callada desesperación".

El famoso caricaturista estadounidense Ralph Barton dejó esta nota prendida de su almohada antes de suicidarse: "He tenido pocas dificultades, muchos amigos y grandes éxitos. He tenido las mujeres que he querido y he vivido en las casas que he deseado; he visitado los grandes países del mundo, pero estoy harto de inventar toda clase de artimañas para llenar las veinticuatro horas del día".

Está claro que ni la fama, ni el éxito, ni la riqueza pueden mitigar la agonía de tales vidas vacías. Si estas cosas no pueden satisfacer, ¿cómo entonces podremos encontrar un disfrute permanente?

Ningún contratista pensaría construir un rascacielos sin analizar los planos del arquitecto. ¿Cómo podemos nosotros ser tan necios con respecto al modelo de nuestras vidas, si no consultamos al gran Arquitecto de la vida?

La persona que edifica su vida de acuerdo al plan de Dios tiene la promesa de hallar el verdadero propósito para su vida. La Biblia dice:

> *Dándonos a conocer el misterio de su voluntad, según su beneplácito, el cual se había propuesto en sí mismo, de reunir todas las cosas en Cristo, en la dispensación del cumplimiento de los tiempos, así las que están en los cielos, como las que están en la tierra. En él asimismo tuvimos herencia, habiendo sido predestinados conforme al propósito del que hace las cosas según el designio de su voluntad, a fin de que seamos para alabanza de su gloria, nosotros los que primeramente esperábamos en Cristo. (Efesios 1:9-12).*

Blas Pascal, el filósofo y físico francés, escribió en "Pensée" (Pensamiento) 425:

> *Hubo una vez en el hombre una felicidad auténtica de la cual lo único que queda es la marca y el rastro vacío, que él en vano trata de llenar con todo lo que le rodea... pero son esfuerzos inútiles porque el abismo infinito sólo puede ser llenado... por Dios mismo.*

Quizás en la quietud de su propio corazón, usted dice: "Sí, hay un vacío; yo no estoy satisfecho con mi vida". Ninguno de nosotros puede estar plenamente realizado mientras no invitemos a Cristo a que nos revele el propósito para el cual El nos creó. Ningún otro que haya vivido puede hacer esto por nosotros, ni la religión, ni la filosofía, ni ningún hombre, sólo Jesús de Nazaret, Dios encarnado, Dios perfecto y hombre perfecto.

Jesús dijo:

Propósito

Yo soy el camino, y la verdad, y la vida; nadie viene al Padre, sino por mí.

Cuando se acerque a conocerlo, El le mostrará el propósito para el cual usted fue creado.

Sólo Jesús da paz

Jesús de Nazaret es el único que puede darnos una paz inquebrantable en medio de un mundo tumultuoso, porque El es el Príncipe de Paz.

Jamás habrán acuerdos duraderos en las mesas de negociaciones de paz de los organismos internacionales, ni habrá descanso en los corazones de los hombres y las mujeres, hasta que el Príncipe de Paz gobierne soberanamente en sus corazones.

¿Qué clase de paz le da a todos los que creen en El? Es una profunda sensación de calma y seguridad en medio de las pruebas, tentaciones, angustias y tristezas. Es una confianza serena que nos llega por la convicción de que nuestro soberano, amoroso y todopoderoso Dios, lo tiene todo bajo Su control. Por tanto, no hay nada que temer.

Todos atravesamos por dificultades. Los cristianos no somos la excepción. Recibir a Cristo como Salvador, no significa que inmediatamente nos veremos libres de problemas en la vida. Como seguidores de Jesús, usted y yo podemos descansar en la promesa que El dio a sus seguidores cuando dijo:

La paz os dejo, mi paz os doy; yo no os la doy como el mundo la da. No se turbe vuestro corazón, ni tenga miedo (Juan 14:27).

Hace algunos años fui invitado para ser el orador en una reunión la cual era parte del famoso Desayuno de Oración Presidencial en Washington, D.C., financiado por la Conferencia Cristiana de Liderazgo Internacional. Estaba de servicio un joven comandante naval representante del Pentágono quien era, ni más ni menos, un viejo compañero de mi asociación de estudiantes y un colega de debates en nuestros años de universidad. Cuando Frank vio mi nombre en el programa, se dispuso a buscarme. Después que nos encontramos, empezamos a recordar los tiempos pasados y Frank aprovechó para contarme la reciente y trágica pérdida de su hijo. Mientras compartía su dolor, me pidió acompañarlo a su casa para hablar con su amada esposa. Inmediatamente accedí.

A medida que compartíamos juntos aquella tarde, ambos recibieron a Jesús como su Señor y Salvador. Cuando oraron, Jesús vino a sus vidas y experimentaron una paz maravillosa. Sus vidas fueron verdaderamente transformadas.

Al año siguiente, volví a Washington donde una vez más participé del Desayuno de Oración Presidencial. Frank estaba presente y me saludó afectuosamente.

Con lágrimas en sus ojos, me contó que poco después de nuestro primer encuentro otro de sus hijos cayó enfermo. La niña contrajo cáncer en el sistema nervioso el cual terminó causándole la muerte.

Nunca olvidaré que aquel día, Frank compartió lo más íntimo de su corazón conmigo. Con una cálida sonrisa, me dijo: "Así como tan entrañablemente amábamos a nuestro 'angelito', también detestábamos ver cómo se acercaba al fin. Durante el tiempo de su enfermedad y después que murió, la presencia del Señor Jesucristo fue maravillosamente real. No comprendíamos esto, pero a través de todo este trance experimentamos una asombrosa paz".

Muchas angustias, tristezas y problemas pueden venir a su vida, pero Cristo, el Príncipe de Paz, quiere darle Su perdón, Su propósito y Su paz para ayudarle a vivir contento y con gozo espiritual.

Además, El espera llenarnos con otro recurso sobrenatural: el *poder* inagotable de Su resurrección, con el cual usted puede recibir a cada instante fortaleza y sabiduría para vivir fructífera y victoriosamente.

Sólo Jesús da poder

Con frecuencia alguien me dirá "Me gustaría hacerme cristiano, pero si lo hago, estoy seguro que jamás podría llevar bien esa clase de vida. Usted no sabe los errores que he cometido, los resentimientos que llevo, mis tendencias hacia el pecado, hacia la inmoralidad, mi gusto por el alcohol, la crueldad de mi lengua, y muchísimos más problemas. No creo poder vivir la vida cristiana".

Sin embargo, cuando personas como esta le han entregado su vida a Jesucristo, han descubierto que la vida cristiana es una vida sobrenatural.

Cuando era un joven universitario, y después como hombre de negocios, siempre pensé que una persona puede lograr lo que quiera por su propio esfuerzo, siempre y cuando esté dispuesto a pagar el precio del esfuerzo y del sacrificio. Cuando me convertí al cristianismo, la Biblia me introdujo a una filosofía de la vida completamente nueva. Una vida de confianza en Dios, de apropiar Sus promesas, y obedecer Sus mandamientos.

Seguía sin comprender que carecía del poder para ser lo que Dios quería que fuese. En lugar de eso, sólo cambié la dirección de mis propios esfuerzos. Recurrí a toda clase de disciplinas personales, incluyendo largos días de ayuno, oración y buenas obras. Mientras más trataba de vivir una vida victoriosa, más derrotado y frustrado me sentía.

Un día, leí el pasaje en la epístola a los Romanos que dice:

Por cuanto los designios de la carne son enemistad contra Dios; porque no se sujetan a la ley de Dios, ni tampoco pueden. (Romanos 8:7).

En el mismo capítulo leí:

Porque la ley del Espíritu de vida en Cristo Jesús me ha liberado de la ley del pecado y de la muerte. (Romanos 8:2)

¡Qué alivio fue descubrir que yo nunca sería capaz de vivir la vida cristiana por mis propios esfuerzos, pero podía confiar en Cristo para experimentar la vida de Su resurrección dentro y a través de mí por el poder de Su Santo Espíritu! A medida que fui rindiendo mi vida al Señor Jesús, me sentí liberado. La fe en Dios reemplazó mi antigua actitud de autosuficiencia y confianza en mi mismo.

A través de los años, he descubierto cuán débil soy en mis propias fuerzas, pero cuán fuerte soy en Cristo. Empecé a comprender el significado de las palabras de Jesús cuando dijo:

Yo soy la vid, vosotros los pámpanos; el que permanece en mí, y yo en él, éste lleva mucho fruto, porque separados de mí nada podéis hacer. (Juan 15:5)

Jesús es el único que puede darnos a usted y a mí el poder para vivir una vida nueva y llena de significado. Puesto que El, literalmente entra a morar en nosotros a través de su Espíritu, El vendrá (cuando lo invitemos) a vivir la vida cristiana en, y a través de nosotros. Por lo tanto, lo que importa no es lo que nosotros hacemos, sino lo que El hace. Debido a que El provee el poder, nosotros somos, simplemente, el instrumento a través del cual El libera su fuerza. El apóstol Pablo describe esta clase de relación en Gálatas 2:20:

Con Cristo estoy juntamente crucificado, y ya no vivo yo, mas vive Cristo en mí; y lo que ahora vivo en la carne, lo vivo en la fe del Hijo de Dios, el cual me amó y se entregó a sí mismo por mí.

Puedo identificarme con el apóstol Pablo cuando escribe:

Pues mirad, hermanos, vuestra vocación, que no sois muchos sabios según la carne, ni muchos poderosos, ni muchos nobles; sino que lo necio del mundo escogió Dios, para avergonzar a los sabios; y lo débil del mundo escogió Dios, para avergonzar a lo fuerte; y lo vil del mundo y lo menospreciado escogió Dios, y lo que no es, para deshacer lo que es, a fin de que nadie se jacte en su presencia. (1 Corintios 1:26-29)

Y me ha dicho: "Bástate mi gracia; porque mi poder se perfecciona en la debilidad. Por tanto, de buena gana me gloriaré más bien en mis debilidades, para que repose sobre mí el poder de Cristo." (2 Corintios 12:9)

Haciendo un compromiso

El experimentar el **perdón**, el **propósito**, la **paz**, y el **poder** de Dios en nuestra vida, requiere de un compromiso total con Jesucristo.

De hecho existe un trono en su vida y. es, o Cristo, o usted quien lo está ocupando. Si usted

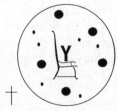

dice "soy el dueño de mi vida; haré con ella lo que quiera", bien pudiera ser que usted no sea cristiano. Si Cristo está en ese trono, El lo ha traído de vuelta a una sana relación con El.

En la Biblia El nos dice:

He aquí, yo estoy a la puerta y llamo; si alguno oye mi voz y abre la puerta, entraré a él, y cenaré con él, y él conmigo. (Apocalipsis 3:20)

Mas a todos los que le recibieron, a los que creen en su nombre, les dio potestad de ser hechos hijos de Dios. (San Juan 1:12)

De modo que si alguno está en Cristo, nueva criatura es; las cosas viejas pasaron; he aquí todas son hechas nuevas. (2 Corintios 5:17)

Un compromiso auténtico con Cristo implica la rendición del intelecto, las emociones, y la voluntad, o sea de la persona en su totalidad.

Permítame poner el siguiente ejemplo como ilustración.

Supongamos que usted había escuchado interesantes comentarios acerca de una persona del sexo opuesto. Un gran interés surgió en usted por conocer a dicha persona. El encuentro fue aun más emocionante. Intelectualmente aprobó a aquella persona. Admiró su buena presencia y su personalidad; le gustó todo lo que vio en ella. ¿Sería esto suficiente para lanzarse al matrimonio? Por supuesto que no. Para casarse se requiere algo más que respeto y admiración.

Mientras pasan más y más tiempo juntos, aprenden a conocerse mejor. Entonces ocurre lo esperado. Cupido tira el flechazo y ustedes se enamoran. ¿Es esto el matrimonio? No. Hay muchas más cosas que intervienen en el matrimonio aparte del intelecto y las emociones. Un día se comprometerán y el día de la boda llegará. ¡Qué emocionante!

Intelectualmente, usted cree que él o ella, es la persona más maravillosa del mundo. Emocionalmente, su corazón palpita al doble de la velocidad normal cuando están juntos, pero ahora algo aún más importante está por ocurrir. Cuando los dos hacen votos ante el altar y aún delante del ministro, comprometen su voluntad el uno con el otro. El matrimonio no es verdadero a menos que se entreguen mutuamente el uno al otro. Ahí lo tiene. *Una relación matrimonial involucra el intelecto, las emociones, y la voluntad.*

Esto mismo ocurre cuando recibimos a Jesucristo. Uno debe entregarse totalmente a El: el intelecto, las emociones y la voluntad.

Quizás usted ha escuchado a alguien decir, "Yo creo que Jesucristo es el Hijo de Dios, y creo que él murió por mis pecados. Si he creído así toda mi vida, ¿acaso no soy cristiano? No, si esa persona ha rehusado entregar su voluntad a El.

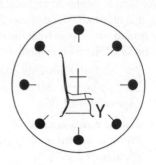

Otro puede decir, "Yo recuerdo haber oído un maravilloso sermón durante un retiro juvenil (o durante una serie de conferencias especiales en nuestra iglesia). Mi corazón fue conmovido y tuve una extraordinaria experiencia emocional. Hasta respondí a la invitación de pasar al frente para recibir consejo. ¿Acaso no soy cristiano? No, si la persona no ha cedido el trono de su vida, o sea su voluntad, a Cristo.

Probablemente otro pueda decir, "Asisto a la iglesia con regularidad, leo la Biblia y hago oración diariamente. Me esfuerzo por vivir una vida correcta. ¿No me hace esto cristiano? No, a menos que haya rendido su voluntad a Cristo.

La rendición de la voluntad es la clave para convertirse en auténtico cristiano y el secreto para vivir una vida cristiana victoriosa.

Un prometedor joven deportista y líder social quería ser cristiano, pero como ocurre con muchos, tenía miedo de rendir su voluntad a la voluntad de Dios. Había estado haciendo ambiciosos planes para su vida y se resistía a convertirse en cristiano por temor a que Dios pudiera cambiar aquellos planes.

Cuando conversamos, le expresé que Dios lo amaba tiernamente, hasta el extremo que envió a su único Hijo a morir en la cruz por sus pecados y que Dios tenía un plan maravilloso para su vida. Entonces le pregunté: ¿No crees que puedes confiar en alguien que te ama tanto y que es infinitamente más sabio que cualquiera de nosotros?

"Nunca lo había pensado de esa manera", me dijo. "Confiaré en El".

Cuando oramos juntos, este joven invitó a Jesús a que entrara a su corazón como Salvador y Señor. Sí, su vida fue transformada. Ahora, él dedica su tiempo a desafiar a otros para que vengan a Jesucristo. Desde entonces, miles de jóvenes y los padres de muchos de ellos han sido ganados para por Jesucristo gracias a la vida y testimonio de este joven.

Su invitación a la vida

Personas de todas las esferas y caminos de la vida han descubierto el perdón, el propósito, la paz y el poder que sólo Jesucristo puede dar. En miles de ocasiones al hablar con estudiantes, con ejecutivos, con líderes del gobierno y de la educación, con los ricos y los pobres, viejos y jóvenes, he tenido el privilegio de llevar a muchos al conocimiento de Cristo. He visto su gozo y entusiasmo.

¿Ha descubierto usted el gozo y la paz de conocer a Cristo personalmente? Quizás usted ha creído en la existencia de Dios y de Su Hijo y ha tratado de vivir correctamente. Puede ser que usted haya sido bautizado y hasta sea miembro de una iglesia. Pero, ¿alguna vez ha invitado concientemente a Jesucristo para que resida en usted, le perdone sus pecados y cambie su vida? ¿Alguna vez le ha rendido su vida a El?

No importa quién sea usted, ni donde se encuentre en este mismo instante puede tener la mejor experiencia de su vida. Ahora mismo, Jesús está tocando la puerta de su corazón. El le ofrece Su maravilloso amor y plan para su vida. El ya ha pagado el precio por sus pecados. El le está pidiendo, en la quietud de su corazón, que le rinda todo su intelecto, sus emociones y su voluntad.

Le exhorto a que invite a Jesucristo a entrar en su vida para que perdone sus pecados y para que El viva en y a través de usted. Aunque El "no quiere que nadie perezca" (2 Pedro 3:9), no lo obligará de ninguna manera. El entrará a su vida solamente si usted le hace una invitación personal.

Si quiere recibir a Jesús como Señor y Salvador, incline su cabeza y diga la siguiente oración o una semejante:

Señor Jesús, gracias por morir en la cruz por mis pecados. Te abro la puerta de mi vida y te recibo como mi Salvador y Señor. Gracias por perdonar mis pecados y darme vida eterna. Toma el control del trono de mi vida. Hazme la clase de persona que Tú quieres que yo sea. Amén.

Si usted hizo esta oración sinceramente y de todo corazón, Cristo está ahora en su vida. Sus pecados están perdonados. Usted es ahora un hijo de Dios y tiene vida eterna. ¿Puede pensar en algo más maravilloso? Tómese un momento ahora para darle gracias a Dios por lo que ha hecho por usted. Al darle gracias, le demuestra su fe.

Si usted ha invitado a Jesús a entrar en su vida puede tener la confianza que El está en su vida y que le ha dado la vida eterna, como El prometió. Cristo nunca le engañaría. Usted puede estar seguro que si le ha pedido que entre en su vida El ya habita en usted y le dará la vida abundante que prometió.

Como nuevo creyente en Cristo, usted está preparado para emprender la mejor aventura de su vida y para descubrir el verdadero propósito, la paz y el poder para vivir. En este proceso, usted encontrará un indescriptible contentamiento a través de su relación con Cristo y gozará la plena realización de la vida abundante y victoriosa que El ha prometido a cada creyente que confía en El y le obedece.

Lo exhorto a que diligentemente estudie la Palabra de Dios, la Biblia, y que se convierta en un miembro activo de la comunidad cristiana en una iglesia local que predique a Cristo y enseñe Su Palabra. La serie de estudio *Los Diez Grados Básicos del Desarrollo Cristiano* han ayudado a millares de jóvenes y adultos a que disfruten de una vital y fructífera relación con Cristo. El estudio diario de este material, le resultará muy provechoso a usted también. Dios quiere bendecirlo y mantenerlo en esta gran aventura con Cristo nuestro Salvador.

¿Quién es Jesucristo?

Q ué ocurriría si usted pudiera predecir que en los próximos cinco minutos un evento mundial muy espectacular va a suceder? ¿Que ocurriría si usted pudiera describir con precisión lo que sucedería?

¿Le daría a usted un poder fuera de lo común el hecho de conocer el futuro?

¿Podría alguien creerle?

Probablemente algunos le creerían, pero ¿cuántos no lo harían?

Mucha gente no cree lo que dice la Biblia, aunque ella, predice milagrosamente cientos de eventos. En algunas ocasiones, hasta en los más pequeños detalles, y por lo general, cientos y algunas veces miles de años antes de que ocurrieran. Algunas profecías se refieren a ciudades o naciones, tales como Tiro, Jericó, Samaria, Jerusalén, Palestina, Moab y Babilonia. Otras profecías se refieren específicamente a ciertas personas en particular

Jesucristo es el objeto de más de 300 profecías en el Antiguo Testamento. Su nacimiento, hace cerca de dos mil años, y los eventos de Su vida habían sido predichos por muchos de los profetas durante un período de 1,500 años. La historia confirma, que aun el detalle más pequeño, se cumplió tal y como había sido predicho. Esto prueba, sin dejar ninguna duda, que Jesús es el auténtico Mesías, el Hijo de Dios y el Salvador del mundo.

Objetivo: Reconocer a Jesucristo como Hijo de Dios.

Lea: San Juan 1:1-34

Memorice: San Juan 14:6

El siguiente cuadro presenta algunas de las más asombrosas predicciones concernientes a Jesucristo con el registro de su correspondiente cumplimiento.

Evento	Profecía del Antiguo Testamento	Cumplimiento en Cristo Jesús
Su nacimiento	Isaías 7:14	Mateo 1:18,22,23
El lugar de Su nacimiento	Miqueas 5:2	San Lucas 2:4,6,7
Su niñez en Egipto	Oseas 11:1	San Mateo 2:14,15
El propósito de Su muerte	Isaías 53:4–6	2 Corintios 5:21 1 Pedro 2:24
Su traición	Zacarías 11:12,13; 13:6	San Mateo 26:14–16 27:3–10
Su crucifixión	Salmo 22	San Mateo 27
Su resurrección	Salmo 16:9,10	Hechos 2:31

Estudio bíblico

¿Qué dijo Jesús acerca de sí mismo?

1. Con sus propias palabras, escriba las aseveraciones que Jesús hizo acerca de sí mismo en los siguientes versículos:

San Marcos 14:61,62

San Juan 6:38; 8:42

San Juan 5:17,18

San Juan 10:30

Los que oyeron a Jesús, ¿qué pensaron que él quiso decir?

San Juan 14:7

San Juan 14:8,9

2. ¿Qué aseveró hacer Jesús en los siguientes versículos?

San Juan 5:22

San Mateo 9:6

San Juan 6:45-47

3. ¿Qué predijo Jesús en los versículos siguientes?
San Marcos 9:31

San Lucas 18:31-33

San Juan 14:1-3

4. ¿Qué características de Jesús son atribuidas
a un Dios Omnipotente?

San Juan 2:24

San Mateo 8:26,27

San Juan 11:43-45

De acuerdo a los pasajes anteriores, Jesús afirmó ser Dios. El
hizo la clase de aseveraciones que sólo una persona segura de
ser Dios haría. Tanto sus amigos, como sus enemigos, lo llama-
ron Dios y El nunca intentó negar esta declaración. Lo que es
más, aún felicitó a Sus seguidores por creer que El era Dios.

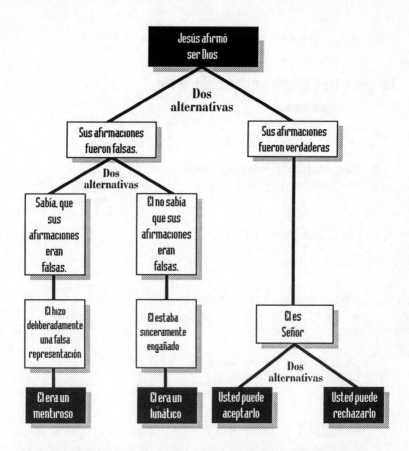

La importancia de la verdad acerca de su identidad

1. Supongamos que Jesús no era Dios. Si El sabía que no era Dios y que ninguna de sus aseveraciones eran verdaderas, ¿Cuál sería nuestra conclusión acerca de El?

2. Supongamos que Jesús estaba sinceramente equivocado. Supongamos que El, honestamente creía en sus fantásticas aseveraciones, aun cuando estas no fueran verdaderas. ¿Cuál sería nuestra conclusión acerca de El?

3. ¿Por qué es importante considerar sus aseveraciones?

Lo que otros dijeron acerca de Jesús.

1. Sus seguidores

Juan el Bautista (San Juan 1:29)

Pedro (San Mateo 16:16)

¿Qué respondió Jesús a lo que dijo Pedro? (v.17)

¿A lo que dijo Marta? (San Juan 11:27)

¿A lo que dijo Tomás? (San Juan 20:28)

¿Qué respondió Jesús a lo dicho por Tomás? (v.29) ¿Cómo se aplica esto a usted?

¿Lo que dijo Pablo? (2 Corintios 5:21; Tito 2:13)

2. Sus enemigos

Los judíos (San Juan 10:33)

Judas (San Mateo 27:3-4)

Pilato (San Mateo 27:22,23)

Los soldados romanos (San Mateo 27:54)

3. ¿Quién piensa usted que es Jesús y en qué fundamenta esa convicción? Haga una lista de los hechos que particularmente le ayudaron a reconocer que El es Dios.

APLICACION PRACTICA

1 ¿Por qué es importante que usted reconozca personalmente quién es en realidad Jesucristo?

2 ¿Ha invitado a Jesús a que entre en su vida? (vea "Su Invitación a la Vida" en la página 33.)

3 ¿Qué cambios espera experimentar en su vida como resultado de recibir a Cristo como su Salvador y Señor?

❖   ❖   ❖

La vida terrenal de Jesucristo

Jesucristo es el personaje más extraordinario que haya existido. Su carácter moral, Sus enseñanzas, y Su influencia en la historia, han demostrado, categóricamente, que en efecto El es Dios. A través de dos mil años de avances en la educación, la tecnología, la filosofía, la medicina, y otras disciplinas de las ciencias, la raza humana nunca ha producido una persona cuyo valor sea comparable al de Jesús.

Su divinidad y humanidad no tienen paralelo. Su vida, Su muerte, y Su resurrección, fueron determinantes para la salvación del hombre. En Su ascensión a los cielos, El completó su misión e hizo posible la restauración del hombre a su destino original.

Estudio bíblico

La Entrada de Jesucristo al Mundo

Objetivo: Reconocer que la vida terrenal de Cristo confirma el hecho de que El es Dios.

Lea: San Juan 17

Memorice: San Juan 1:12

1. Según la declaración de Jesús en San Juan 17:5, ¿dónde estaba Jesucristo antes de venir al mundo?

2. Lea San Mateo 1:18-23. Con sus propias palabras, haga un resumen de las circunstancias que rodearon el nacimiento de Jesús.

El Nuevo Testamento pasa sobre los primeros treinta años de la vida de Jesús casi en silencio. Aparentemente los escritores de los Evangelios estaban más ansiosos por describirnos el carácter y ministerio de Jesús, que por darnos su biografía cronológica.

El carácter de Jesús

1. Utilizando los siguientes versículos, describa el carácter de Jesús:

San Marcos 1:40-42

San Lucas 23:33-34

San Juan 2:13-17

San Juan 13:1-17

Romanos 5:8-10

2. ¿Cuál es el contraste entre la actitud de Jesús y la de Sus contemporáneos con respecto a lo siguiente?

Adultos (San Mateo 14:15-21)

Niños (San Marcos 10:13-16)

Aquellos que ofenden (San Lucas 9:51-56)

3. ¿Por qué razón, las siguientes personas amaron a Jesús?
La viuda de Naín (San Lucas 7:11-15)

La mujer pecadora (San Lucas 7:36-50)

María y Marta (San Juan 11:30-44)

4. Desde el principio de su vida, Jesús manifestó una gracia inagotable, una asombrosa sabiduría, un sorprendente entendimiento y conocimiento, y jamás falló en agradar a Dios.

Las multitudes encontraron que Su compasión no tenía límites y fue manso y humilde ante Sus enemigos. Trató a los pobres con respeto, y a los niños con amor y ternura. Su carácter fue puro, libre de egoísmo, y sin pecado.

Jesús también comprobó Su carácter divino a través de Su inconmensurable amor, un amor incondicional, único en la historia. El voluntariamente se ofreció como sacrificio por el pecado y dio el regalo de la vida eterna a todo aquél que lo quiera aceptar. Sólo el Dios encarnado, podía reunir todas estas características.

Lea (Hebreos 4:15). ¿Por qué es que Jesús puede comprender perfectamente nuestros sentimientos?

De acuerdo a San Lucas 2:42-47, ¿Cuándo demostró Jesús por primera vez la profundidad de su conocimiento y compromiso?

¿Cuál fue la reacción general a las declaraciones de Jesús?

5. Lea San Mateo 7:28,29. Según su criterio, ¿qué otras reacciones, además de asombro, tenía la gente ante Sus enseñanzas?

Imagínese usted mismo viviendo en el tiempo de Cristo en esta tierra, escuchando Sus enseñanzas y observando Su conducta. ¿Cuál sería su reacción?

6. ¿Qué siente usted con respecto a Jesús?

¿Por qué?

Jesucristo como Maestro

1. ¿Qué enseñó Jesús acerca del nuevo nacimiento? (San Juan 3:1-8)

¿Por qué describió El la salvación de esta manera?

2. ¿Qué enseñó Jesús acerca de las declaraciones que hizo acerca de Sí mismo?

San Juan 10:11

San Juan 13:13,14

San Juan 15:15

San Mateo 5:17

San Juan 11:25,26

¿Según su opinión, cuál de estas declaraciones es la más importante? ¿Por qué?

¿Cuál tiene mayor significado para usted?

¿Por qué?

3. ¿Qué enseñó Jesús a Sus seguidores con respecto a Sus mandatos?

San Marcos 8:38

San Marcos 10:29,30

San Mateo 9:9

San Mateo 11:29

San Lucas 9:23

San Juan 13:34,35

¿Cuál de estos mandatos, considera usted que es el más fácil de seguir?

¿Cómo piensa usted que Jesús quiere que usted enfrente las dificultades?

4. Muchos ven a Jesús como el más grande maestro de la historia. Ningún otro hombre ha sido citado con más frecuencia o inspirado tantos libros y artículos. Sus enseñanzas nos han dado claridad, y un profundo discernimiento en las interrogantes más serias de la vida. Multitudes se reunían para escucharlo y sus discípulos lo dejaron todo por seguirlo.

¿Qué clase de maestro podría inspirar semejante lealtad? (Vea San Juan 6:66-69. Esto le ayudará a formular sus respuestas.)

Utilizando los siguientes versículos, enumere las características que hicieron de Jesús un gran maestro.

San Marcos 6:34

San Lucas 21: 29-38

San Lucas 4:14-30

San Juan 3:1-8; 7:50,51; 19:38-42

5. Lea cuidadosamente San Mateo 7:7-12 (Tomado del Sermón del Monte). ¿Cómo utilizó Jesús los siguientes métodos de enseñanza para enfatizar sus lecciones?

Repetición de ideas

Aplicación práctica

Resúmenes claros

6. ¿Qué fue aún más importante que los eficaces métodos de enseñanza de Jesús? (San Mateo 7:29)

¿De dónde obtuvo El esta autoridad? (San Juan 12:49,50)

En manera breve explique como la vida terrenal de Jesucristo confirma Su deidad.

APLICACION PRACTICA

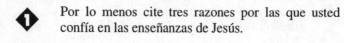

Por lo menos cite tres razones por las que usted confía en las enseñanzas de Jesús.

1)

2)

3)

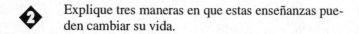

Explique tres maneras en que estas enseñanzas pueden cambiar su vida.

1)

2)

3)

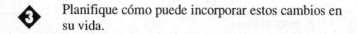

Planifique cómo puede incorporar estos cambios en su vida.

❖   ❖   ❖

La muerte de Jesucristo

Cuándo fue la última vez que usted habló acerca de la muerte? ¿Disfrutó de dicha conversación?

Por lo general, a las personas no les gusta hablar de la muerte, ¿no es así? Sin embargo, la Biblia tiene cosas muy importantes que decirnos acerca de la muerte.

De acuerdo a la Palabra de Dios, la palabra "muerte" significa "separación", y no solamente "que se deje de existir" (cese de la existencia). La muerte física, es la separación del alma (la parte inmaterial del hombre) y del cuerpo. Como resultado, el cuerpo se descompone. La muerte espiritual, es la separación permanente entre el hombre y Dios. Tanto la muerte física, como la muerte espiritual, son resultado del pecado.

Al hablar de los resultados de esta separación, no nos referimos solamente a pecados tales como el asesinato, la inmoralidad, el robo; sino también a la preocupación, la irritabilidad, la carencia de propósito para la vida, la frustración, el deseo de escapar de la realidad, y el temor a la muerte. Estas y muchas otras cosas más, son evidencia de que estamos separados de Dios, del único que puede darnos el poder para disfrutar una vida abundante.

La pregunta más importante en la vida es "¿Cómo puedo reconciliarme con Dios?" Por nuestros propios medios, jamás podremos salvar el abismo que nos separa de Dios. Pero El ha provisto la manera de conducirnos a El.

❖

Objetivo: Entender el significado de la muerte de Cristo en la cruz y la importancia de recibirlo como Salvador y Señor en nuestra vida.

Lea Romanos 3:10-28; 5:1-21

Memorice: Romanos 5:8

Estudio bíblico

La necesidad de la muerte de Jesucristo

1. Lea cuidadosamente Romanos 3:10-12 y 3:23.

   Como escritor, ¿cuántas veces utiliza el apóstol Pablo,
   el término "todos", "ninguno", o sus equivalentes?

   ¿Por qué cree usted que él repite estos términos?

   ¿Qué le dice esto a usted, acerca de la gente moralmente
   respetable?

2. ¿Cuál es la consecuencia del pecado? (Romanos 6:23)

El resultado de la muerte de Cristo

1. Lea cuidadosamente 2 Corintios 5:21
   De acuerdo a esto, ¿cuán bueno fue Jesucristo?

   Pero, ¿qué le ocurrió cuando murió en la cruz
   para pagar el precio de nuestros pecados?

   ¿Cuál fue el resultado para usted?

2. ¿Qué enseñó Jesús con respecto a Su muerte? (San Marcos 8:31-32)

3. ¿Cómo se sintió Jesús con respecto a Su muerte? (Hebreos 12:2)

4. ¿Describa el efecto de la muerte de Jesús en relación con el atributo de santidad de Dios? (Romanos 3:25; San Juan 4:10)

5. ¿Por qué murió Jesús por nosotros? (1 Pedro 3:18)

6. ¿De qué manera la muerte de Cristo afecta su relación con Dios? (Colosenses 1:21,22; Romanos 5:10,11)

La gran importancia de la muerte de Cristo

1. ¿Qué es lo único que podemos hacer para asegurar que la muerte de Cristo sea aplicada a nosotros de modo que podamos ser salvos? (Hechos 16:31)

2. ¿Debemos hacer obras para ser salvos? (Efesios 2:8-9)

¿Por qué no?

APLICACION PRACTICA

1 Lea San Juan 3:18 cuidadosamente. ¿Cuáles son las dos clases de personas allí descritas?

2 ¿Cuál es la única razón por la que una persona puede ser condenada?

3 De acuerdo con lo que la Biblia dice aquí, ¿está usted condenado?

4 De acuerdo con 1a. Juan 5:11,12 ¿tiene usted vida eterna? (No confunda 1 Juan, la Epístola -la cual se encuentra casi al final del Nuevo Testamento- con el Evangelio de San Juan.)

5 Según ese mismo pasaje bíblico, ¿Cómo puede usted saberlo?

6 ¿Ha tomado usted la decisión de aceptar la muerte de Jesús en la cruz por usted y lo ha recibido en su vida como su Salvador y Señor? Si usted lo quiere recibir como su Salvador ahora mismo, haga una oración con todo su corazón, como la que sigue a continuación:

> *Señor Jesús, quiero conocerte personalmente. Gracias por morir en la cruz por mis pecados. Te abro la puerta de mi vida y te recibo como mi Salvador y Señor. Gracias por perdonar mis pecados y por darme vida eterna. Hazme la clase de persona que Tú quieres que yo sea. Amén.*

La resurrección de Jesucristo

La crucifixión de Jesús desmoralizó a Sus seguidores. Aquel pequeño grupo de discípulos estaba ahora disperso y aterrorizado. Los enemigos de Jesús estaban celebrando la victoria. Pero tres días después de la crucifixión ocurrió un milagro: Jesús resucitó de entre los muertos.

Unas semanas después, aquellos que hasta hacía poco eran seguidores acobardados, ahora proclamaban sin ningún temor Su resurrección, hecho que cambió el curso entero de la historia. Los seguidores de Jesucristo no fueron promotores de un código ético iniciado por un fundador ya muerto, sino personas que tenían un contacto vital con el Dios viviente. Jesucristo está vivo y anhela obrar en la vida de aquellos que confían en El.

La vida nueva y el ánimo refrescante demostrado por los primeros creyentes, está vívidamente descrito por J.B. Phillips en el prefacio de su libro *"Cartas a las jóvenes iglesias"*:

La gran diferencia entre el Cristianismo de hoy y aquél del cual leemos en estas cartas, radica en que lo que para nosotros es principalmente una hazaña, para ellos fue una experiencia real. Nuestra tendencia es reducir la

Objetivo: Reconocer la importancia de la resurrección de Cristo y cómo ésta se relaciona con nosotros personalmente.

Lea: San Juan 20

Memorice: 1 Corintios 15:3,4

religión Cristiana a un código ético, o en el mejor de los casos, a una serie de normas de conducta. Para aquéllos hombres, en cambio, la fe cristiana significó sencillamente, la invasión en su vida de una nueva calidad de vida que lo abarcaba todo, por lo cual no vacilaron en describirla como Cristo "viviendo" en ellos.

Una reforma moral difícilmente explicaría la transformación y la exuberante vitalidad de estos hombres, aún cuando pudiésemos comprobar un motivo para tal reforma ¡y ciertamente el mundo ofreció poco estímulo a los primeros cristianos! Somos materialmente convencidos de su propia explicación, la de que sus frágiles vidas humanas, a través de Cristo, estaban conectadas con la misma vida de Dios.

Muchos cristianos de hoy, hablan de "las dificultades de nuestros tiempos" como si debiéramos esperar mejores tiempos para que el cristianismo pueda enraizarse. Es alentador recordar que esta fe se arraigó y floreció sorprendentemente en condiciones que hubieran aniquilado en cuestión de semanas cualquier otra cosa menos valiosa.

Estos primeros cristianos estaban inflamados por la convicción de haberse convertido literalmente, a través de Cristo, en hijos de Dios; eran pioneros de una nueva humanidad, fundadores de un nuevo Reino.

Ellos continúan hablándonos a través de los siglos. Quizás si creyéramos como ellos creyeron, realizaríamos lo que ellos realizaron".

Estudio bíblico

Cinco pruebas de que Jesús realmente resucitó de entre los muertos.

1. *La Resurrección fue predicha por Jesucristo, el Hijo de Dios.*
¿Qué les dijo Jesús a Sus discípulos en San Lucas 18:31-33?

Si Jesús había predicho claramente que resucitaría de los muertos, y fallara en hacerlo, ¿que nos diría esto acerca de El?

2. *La Resurrección de Cristo es lo único que explica, razonablemente, la tumba vacía.*
   ¿Qué hicieron los amigos de Jesús para asegurarse de que Su cuerpo no fuera robado? (San Marcos 15:46)

   ¿Qué hicieron los enemigos de Jesús para asegurarse de que Su cuerpo no fuera robado? (San Mateo 27:62-66)

Sin embargo, el domingo en la mañana ¡La tumba estaba *vacía*!

NOTA: Si no hubieran matado a Jesús, sino sólo lo hubieran debilitado y herido en la crucifixión, la piedra y los soldados hubieran evitado que escapara de la tumba. Si los amigos de Jesús hubieran tratado de robar Su cuerpo, de igual manera, la piedra y los soldados lo hubieran evitado. Los enemigos de Jesús nunca hubieran robado su Cuerpo, puesto que Su desaparición, sólo hubiera servido para apoyar aun más Su resurrección. *¡Sólo Su resurrección puede explicar categóricamente la tumba vacía!*

3. *La Resurrección es la única explicación razonable de la aparición de Jesucristo ante Sus discípulos.*
   Mencione a todos los individuos o grupos que vieron a Cristo resucitado, de acuerdo a 1 Corintios 15:4-8:

Si Cristo no resucitó de los muertos, ¿cuál sería nuestra conclusión acerca de estos testigos? (1 Corintios 15:15)

¿Qué otra cosa sería verdad si Cristo no hubiera resucitado? (1 Corintios 15:17)

Cuando Cristo se apareció a sus seguidores, ¿qué cosas hizo para probar que El no era una alucinación (San Lucas 24:36-43)

4. *El cambio dramático en la vida de sus seguidores*
Analice estos versículos y describa las diferencias en estas personas:

Pedro (San Lucas 22:54-62;; Hechos 4:1-22)

Tomás (San Juan 20:24-28; Hechos 1:12-14)

Pablo (Hechos 7:54-8:3; Hechos 16:16-40)

5. *La Resurrección es la única explicación razonable para el comienzo de la Iglesia Cristiana.*
Sólo unas semanas después de la Resurrección de Jesucristo, Pedro predicó en el día de Pentecostés y la iglesia Cristiana empezó. ¿Cuál fue el elemento central de su sermón? (Hechos 2:14-36).

Si el cuerpo de Jesús hubiera estado todavía en la tumba, ¿cómo piensa usted que hubiera reaccionado la gente que estabá escuchando el sermón de Pedro?

¿Pero entonces, cómo respondieron? (Hechos 2:37,38,41,42).

Los resultados de la resurrección

1. ¿Qué nos dice la Resurrección acerca de:
   Jesucristo (Romanos 1:4)

   El poder que Dios puede ejercer en nuestras vidas? (Efesios 1:19,20)

   Lo que acontecerá al final con nuestros cuerpos (Filipenses 3:21)

2. ¿Cómo sería afectada nuestra vida si Cristo no hubiera resucitado de entre los muertos? (1 Corintios 15:12-26)

3. Si creemos en la resurrección, ¿por qué es lógico creer en todos los milagros que Jesús hizo?

El retorno visible de Cristo

1. Describa la manera en la cuál Cristo volverá a la tierra (San (Mateo 24:30; Hechos 1:11).

2. ¿Cómo se compara este evento con la primera vez que Cristo vino a la tierra?

3. ¿Qué ocurrirá con el cristiano cuando Jesús venga por él? (1 Corintios 15:51,52; Filipenses 3:20,21)

4. ¿Cuál será la condición del planeta tierra cuando Cristo vuelva? (San Mateo 24:6-8)

5. ¿Que ocurrirá con los que no son cristianos cuando El vuelva? (2a. Tesalonicenses 1:7-9)

6. ¿Cuál es nuestra esperanza presente? (1 Juan 2:2,3)

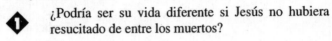

APLICACION PRACTICA

Hebreos 13:8 dice que Jesús es el mismo hoy, y que El puede transformar su vida.

1 ¿Podría ser su vida diferente si Jesús no hubiera resucitado de entre los muertos?

2 ¿Cómo piensa usted que "la vida del resucitado" puede ser vista en su vida cotidiana?

3 ¿Puede ser su vida diferente si usted permite que Jesús la transforme?

Jesucristo viviendo en el cristiano

Es usted miembro de una iglesia? ¿Está usted entregado y activo en las labores de su iglesia? ¿Tiene una relación cercana con Jesucristo?

Los capítulos 2 y 3 de Apocalipsis enfatizan el hecho de que ser miembro de una iglesia no ofrece garantía alguna para una relación auténtica con Jesucristo. Observe que en Apocalipsis 3:20 el llamado está hecho a una persona, no a grupos: "... si alguno oye mi voz y abre la puerta, entraré a él, y cenaré con él, y él conmigo".

Cuando usted invita a Jesucristo a entrar en su vida y corazón, como su Señor y Salvador, confesando su pecado y su necesidad de perdón, El responde esa oración. El entra a su corazón y a su vida. ¿Por qué?

Una de las principales razones es que ésa es la manera mediante la cual El le da poder. Vivir la vida cristiana es más que difícil; es humanamente imposible. Jesucristo es el único que puede vivirla y esto ocurre cuando El mora en usted. El quiere pensar con la mente suya, expresarse a través de sus emociones, hablar a través de su voz, a pesar de que usted no esté conciente de esto.

Cuando los cristianos carnales examinan su vida, con frecuencia se encuentran a sí mismos llenos de mucha actividad en diferentes áreas: estudios, finanzas, vida social, vida

❖

Objetivo: Observar la importancia de una total entrega a Jesucristo.

Lea: Apocalipsis 2 y 3

Memorice: Apocalipsis 3:20

hogareña, negocios y viajes, pero sin un verdadero propósito o significado. La razón es que ellos mismos controlan estas áreas en lugar de permitir que sea Cristo quien los controle a ellos.

Hay un trono en cada vida (vea la gráfica a continuación). Mientras Jesús no llega a nuestra vida, nuestro yo está en el trono. Pero cuando El viene, toma Su lugar de autoridad en el trono. Debemos quitarnos y ceder la autoridad de nuestra vida a El. Como puede ver en la gráfica, cuando Cristo nos controla, se convierte en el Señor de cada actividad y como resultado, experimentamos una vida plena, llena de armonía y propósito.

Por lo tanto, la vida cristiana, no consiste en la persona tratando de imitar a Cristo, sino Cristo impartiendo y viviendo Su vida a través de la persona. La vida cristiana no es lo que usted hace por El, sino lo que El hace por y a través de usted. La vida controlada por Cristo siempre produce el fruto del Espíritu, como lo expresa Gálatas 5:22-23.

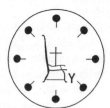

• Amor		• Vida centrada en Cristo
• Gozo		• Fortalecido por el Espíritu Santo
• Paz		• Lleva otros a Cristo
• Paciencia		• Tiene una vida efectiva de oración
• Bondad		• Entiende la Palabra de Dios
• Fe		• Confía en Dios
• Benignidad		• Obedece a Dios

Estudio bíblico

La necesidad de que Cristo viva en el cristiano

1. ¿Por qué Jesús no se fiaba de los hombres? (San Juan 2:24,25)

¿Por qué?

2. ¿Qué clase de cosas hay en nuestros corazones? (San Marcos 7:21-23)

3. ¿Cómo evaluaba el apóstol Pablo, uno de los más grandes cristianos, su naturaleza humana? (Romanos 7:18)

4. ¿Cuál es nuestra condición al estar separados de Jesús? (San Juan 15:4,5)

La realidad de Jesucristo viviendo en el cristiano

1. Escriba con sus propias palabras Apocalipsis 3:20:

   Nota: La palabra "cenaré" adquiere aquí la connotación de "comunión o compañerismo" en su significado original.

2. ¿Qué promesa da Jesucristo en este versículo, y cómo podemos creerle?

3. ¿Cómo sabe usted que Jesucristo ha entrado en su vida?

4. ¿Cómo sabe usted que Cristo nunca le dejará, aun cuando usted peque de nuevo? (Hebreos 13:5)

5. Si usted vuelve a pecar, ¿cómo puede renovar su comunión con El? (1 Juan 1:9)

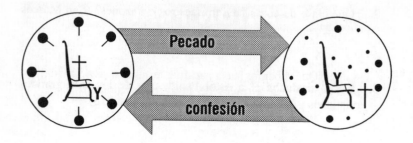

Nota: La salvación es algo muy diferente que el tener comunión con Dios. La salvación es obtener el perdón de nuestros pecados y recibir la vida eterna. La comunión es aquélla relación diaria de amistad y compañerismo con Jesucristo. Puede ocurrir que por causa de cometer algún pecado, perdamos nuestra comunión lo mismo que ocurre con un hijo que igualmente pierde la comunión y el compañerismo con su padre por la desobediencia. Sin embargo, ese hijo no pierde su relación ni parentesco de hijo, ni nosotros tampoco perdemos nuestra relación con Dios. El continúa siendo nuestro Padre celestial (ver Juan 10:27-29).

Jesucristo morando en el cristiano

Cuando Jesucristo vive dentro de nosotros, ¿qué puede El hacer mientras nos enfrentamos a problemas como los siguientes?

1. Vacío interior (San Juan 6:35)

2. Ansiedad (San Juan 14:27)

3. Infelicidad (San Juan 15:11)

4. Falta de poder (Filipenses 4:13)

APLICACION PRACTICA

1 ¿Qué debemos hacer para que Jesucristo viva Su vida victoriosa a través de nosotros? (Romanos 6:13; 12:1,2)

2 Lea y medite en San Juan 3:16. Tomando como base este versículo, ¿por qué piensa usted que debemos entregar el control de nuestras vidas a Dios?

3 Rinda ahora mismo el control de su vida a Dios. Dispóngase a entregarle cada área de su vida, su familia, su trabajo, sus finanzas, aún su salud. Haga esta sencilla oración:

> *"Amado Padre, te necesito. Reconozco que he estado dirigiendo mi vida y como consecuencia, he pecado contra ti. Te doy gracias por perdonar mis pecados a través de la muerte de Jesús en la cruz por mí. Ahora, invito a Jesús para que tome Su lugar en el trono de mi vida. Lléname de tu Espíritu Santo como lo has ordenado en Filipenses 5:18, y como lo has prometido en tu Palabra, que lo harías con aquél que lo pidiera en fe. Te doy las gracias por dirigir mi vida y por llenarme con tu Espíritu Santo. Amén.*

La Iglesia de Jesucristo

Cuál es la organización más poderosa de la tierra? Indudablemente que es la Iglesia. Está formada por aquellos que han recibido a Jesucristo en su vida y también es llamada "el Cuerpo de Cristo o la Esposa de Cristo". La Iglesia, es la organización por la que Cristo dio su vida (Efesios 5:25)

La Biblia describe a la Iglesia en dos sentidos:

1) La Iglesia Universal, la cual incluye a todos los cristianos verdaderos.

2) la iglesia local, que es un grupo de cristianos que se reúnen para adorar, aprender, y animarse mutuamente en determinados lugares.

❖ Estudio bíblico

Objetivo: Reconocer la importancia de la iglesia en la vida del cristiano

Lea: Hebreos 10:19-25; 1 Corintios 12:12-31

Memorice: Hebreos 10:25

La Iglesia Universal

1. El apóstol Pablo, frecuentemente compara a la Iglesia con un cuerpo. ¿Quién es la única cabeza? (Efesios 5:23)

¿Quiénes son los miembros?
(1 Corintios 12:27)

2. ¿Cómo ve Cristo a la iglesia?
(1 Corintios 12:12,13)

3. Como miembros de su cuerpo,
¿qué debemos sentir los unos por
los otros? (1 Corintios 12:25,26)

Nombre algunas formas específicas en que podemos expresar
estos sentimientos.

4. Lea cuidadosamente Hechos 1:6-11
De acuerdo al versículo 8, cuál debe ser la preocupación y tarea
más importante de la Iglesia?

Según lo indica la Biblia, ¿a dónde se fue Jesús físicamente? (v. 9)

Describa con sus propias palabras la manera en que Jesús vendrá
por su Iglesia (v. 11).

¿Quién puede saber cuándo ocurrirá esto? (v. 7) (Vea también San Marcos 13:32,33).

Aunque Jesús está presente en Espíritu en nuestros corazones, El también está en los cielos con el Padre. En el futuro, El retornará a juzgar al mundo y a gobernar a las naciones (San Mateo 25:31,32). Entretanto, la Iglesia es Su testigo en la tierra y deberá traer tantas personas como sea posible a una relación personal con El.

5. A la luz de esto, ¿Cuál debe ser uno de los principales propósitos de usted aquí en la tierra?

La Iglesia local

1. ¿Qué es lo que *no* deben dejar de hacer los cristianos? (Hebreos 10:25)

Nota: "No dejando de reunirnos" se refiere a las reuniones regulares de la iglesia local.

2. Somos salvos por la fe. Sin embargo, la iglesia tiene dos sencillas y significativas ordenanzas que debemos observar, El bautismo y la comunión.
De acuerdo a San Mateo 28:18,19, ¿Por qué debemos ser bautizados?

¿Cuál es el propósito de la Cena del Señor? (1 Corintios 11:23-26)

3. Escriba en una frase, su propia descripción de las siguientes iglesias locales:

La iglesia en Jerusalén (Hechos 4:32,33)

La iglesia en Tesalónica (1 Tesalonicenses 1:6-10)

La iglesia en Laodicea (Apocalipsis 3:14-17)

Así como algunas de las iglesias del Nuevo Testamento eran dinámicas y otras carentes de poder, así mismo sucede en la actualidad. No todas las iglesias son dinámicas y aun dentro de una misma denominación se presenta esta anomalía. Para estimular su propio crecimiento cristiano, usted debe asistir a una iglesia donde se exalte a Cristo, se enseñe la Biblia, se explique claramente qué significa ser cristiano o la manera para llegar a serlo, y donde se cultive un amoroso compañerismo.

4. ¿Qué podría ocurrir con su crecimiento espiritual si usted no asiste a una iglesia con regularidad?

¿Y si usted asiste a una iglesia carente de poder?

APLICACION PRACTICA

 Cite por lo menos dos razones por las cuales es importante que seamos parte de una iglesia local.

1)

2)

 Si aún no es activo en una iglesia local, haga planes de inmediato para tomar parte en alguna.

◆ Pídale a sus amigos cristianos qué le recomienden una iglesia dinámica. Escriba los nombres de las iglesias sugeridas en el siguiente espacio.

◆ Haga oración por las iglesias en la lista

◆ Pídale a Dios que le ayude a escoger la que sea mejor para usted.

◆ Visítelas todas, hasta que en actitud de oración tome la decisión por una de ellas.

◆ Después de esto, busque la manera de servir al Señor en su iglesia.

❖ ❖ ❖

Resumen

Las siguientes preguntas le ayudarán a revisar este GRADO BASICO. Si es necesario, lea de nuevo la lección que se relaciona con la pregunta.

1. Haga una lista de los versículos para memorizar que le han ayudado en su vida diaria durante las semanas de estudio.

2. Según su opinión, ¿cuál es la característica más importante que distingue a Jesús de las demás personas?

Vuelva a leer: Juan 1:1-34;
Romanos 3:10-28;
Romanos 5:1-21;
Juan 20

Repace: Los versículos
memorizados

¿Qué significa esto para usted?

¿Cómo afecta esto su vida?

3. ¿Quién es Jesús para usted?

    ¿Qué es lo que El le ha dado?

4. ¿Por qué supone usted que los enemigos de Jesús no quisieron creer en las declaraciones que El hizo acerca de sí mismo?

5. ¿Por qué los amigos de Jesús, que habían presenciado su muerte, creyeron en la resurrección?

APLICACION PRACTICA

1 ¿Qué significa para usted ahora el tener a Cristo viviendo en usted?

2 ¿De qué manera su actual relación con Cristo le ayuda a desarrollar una fructífera comunión con su iglesia local?

3 ¿Cómo puede usted mejorar su compañerismo con otros cristianos?

4 ¿De qué manera su comunión en la iglesia contribuye a su relación con Dios?

5 Escriba en el espacio de abajo las varias maneras en que usted puede hacer su relación más dinámica.

Recursos para un estudio profundo sobre Jesucristo

Los Diez Grados Básicos. Un completo plan de estudios para el cristiano que desea dominar los fundamentos del crecimiento cristiano. Usado por cientos de miles de cristianos en todo el mundo. (vea para más detalles, la página 81.)

(Guía del líder) Manual del Maestro de los Diez Grados Básicos. Contiene los bosquejos para la enseñanza de todas las series.

Cuadernito para la madurez cristiana. Combina todas las series de los Diez Grados Básicos en un volumen. Es un recurso práctico para el estudio bíblico privado; un excelente libro que contribuye a la nutrición, crecimiento y madurez espiritual.

Un hombre sin igual. Una visión fresca del nacimiento, enseñanza, muerte, y resurrección singulares de Jesús y cómo él continúa transformando la manera en que vivimos y pensamos. Excelente herramienta evangelística.

Vida sin igual. Una presentación de lo largo y ancho de la libertad cristiana en Jesucristo y de cómo los creyentes pueden liberar el poder de la resurrección de Cristo en su vida y ministerio. Bueno para no creyentes o cristianos que desean crecer en su vida cristiana.

Cinco pasos del crecimiento cristiano. Enseña a los nuevos creyentes, las cinco piedras angulares de la fe: la seguridad de la salvación, el entendimiento del amor de Dios, la experiencia del perdón de Dios, la llenura del Espíritu Santo, y los pasos para crecer en Cristo.

La clave de una vida victoriosa. Experimente una vida fructífera y gozosa en el Espíritu Santo, y resista la tentación por medio de la "respiración espiritual". Esta *tarjeta* es lo suficientemente pequeña como para llevarla en el bolsillo, la Biblia, o en el bolso.

Disponibles en su librería local, ordenados por correo, o en Publicaciones Nueva Vida.

Los Diez Grados Básicos Hacia la Madurez Cristiana

Once guías fáciles de usar para ayudarle a comprender las bases de la fe cristiana

INTRODUCCION:
La singularidad de Jesús

Explica quién es Cristo. Revela los secretos de Su poder para convertirlo a usted en un cristiano victorioso y fructífero.

GRADO 1: La aventura cristiana

Presenta cómo disfrutar una vida plena, abundante, con propósito, y fructífera en Cristo.

GRADO 2: El cristiano y la vida abundante

Explora la manera cristiana de vivir -lo que es la vida cristiana y su aplicación práctica.

GRADO 3: El cristiano y el Espíritu Santo

Enseña quién es el Espíritu Santo, cómo ser lleno del Espíritu Santo, y cómo hacer para que la vida llena del Espíritu sea una realidad en su vida -momento a momento.

GRADO 4: El cristiano y la oración

Revela el verdadero propósito de la oración y presenta cómo el Padre, el Hijo, y el Espíritu Santo trabajan juntos para responder su oración.

GRADO 5: El cristiano y la Biblia

Habla acerca de la Biblia -cómo fue producida, su autoridad, y su poder para ayudar al creyente. Este GRADO ofrece métodos para estudiar la Biblia con mayor efectividad.

GRADO 6: El cristiano y la obediencia

Aprenda por qué es tan importante obedecer a Dios y cómo vivir diariamente bajo su gracia. Descubra el secreto de una vida de poder e integridad como

cristiano y por qué necesita no temer por lo que los demás piensan de usted.

GRADO 7: El cristiano y el testimonio

Presenta cómo testificar con efectividad. Incluye una reproducción de las Cuatro Leyes Espirituales y explica cómo compartirlas.

GRADO 8: El cristiano y la mayordomía

Descubra el plan de Dios para su vida financiera, cómo evitar la preocupación por el dinero, y cómo confiar en Dios en lo que respecta a sus finanzas.

GRADO 9: Explorando el Antiguo Testamento

Presenta un breve panorama del Antiguo Testamento.
Muestra lo que Dios hizo para preparar el camino para la venida de Jesucristo y la redención de todo aquél que lo recibe a El como Salvador y Señor.

GRADO 10: Explorando el Nuevo Testamento

Examina cada libro del Nuevo Testamento. Presenta la esencia del evangelio y resalta el emocionante principio de la iglesia cristiana.

Guía para el líder

Extraordinario recurso aun para la persona más tímida e inexperta que se le pida dirigir un grupo de estudio sobre los fundamentos de la vida cristiana. Contiene preguntas y repuestas de las guías de estudio de los Diez grados básicos.

Cuadernito para la madurez cristiana

Combina la serie de 11 libros en un volumen práctico, fácil de seguir. Excelente para el estudio personal o de grupos.

Disponibles en su librería local, ordenados por correo, o en Publicaciones Nueva Vida.

Acerca del autor

EL doctor BILL BRIGHT, es el fundador y presidente de Cruzada Estudiantil y Profesional para Cristo (Campus Crusade for Christ, Internacional, Orlando, Florida). Actualmente este dinámico ministerio cristiano sirve en 152 países que representan 98% de la población mundial. El doctor Bright y su dedicado equipo de trabajo de más de 11.900 coordinadores de tiempo completo y asociados, así como 100.000 voluntarios bien capacitados, han conducido a millones de personas a Jesucristo y están discipulando a millones más a vivir una vida llena del Espíritu Santo, con fruto espiritual, propósito y poder, para la gloria de Dios.

El doctor Bright hizo estudios de postgrado en la Universidad de Princeton y en el Seminario Teológico de Fuller, de 1946 a 1951. Ha recibido numerosos reconocimientos en Estados Unidos y en otras naciones incluyendo cinco Doctorados Honoríficos. Actualmente es autor de numerosos libros y publicaciones cuyo enfoque es ayudar a cumplir la Gran Comisión de Jesucristo. La atención del doctor Bright se concentra hoy día en "Vida Nueva 2000", un esfuerzo internacional combinado para ayudar a alcanzar más de 6.000 millones de personas con el evangelio de nuestro Señor Jesucristo.

CRUZADA ESTUDIANTIL Y PROFESIONAL
PARA CRISTO
OFICINAS NACIONALES

Argentina
Cruzada Estudiantil y Profesional
para Cristo
Casilla de Correo 160, Suc. 12
1412 Buenos Aires, Argentina

Bolivia
Casilla 1490,
Santa Cruz, Bolivia

Colombia
Vida para Colombia
Apartado Aéreo 80936
Santa Fe de Bogotá, D.C.
Colombia

Costa Rica
Apartado 640-1007
San José, Costa Rica

Chile
Casilla 10
Centro Casillas
Santiago, Chile

Ecuador
Apartado 17-11-04990
Quito, Ecuador

El Salvador
Apartado 515
San Salvador, El Salvador

Guatemala
Apartado 1784
Guatemala, Guatemala

Honduras
Apartado 390
Tegucigalpa, Honduras

México
Apartado 1424
Cuernavaca, Morelos
México

Panamá
Apartado 2892
Panamá 3, Panamá

Paraguay
Casilla 2626
Asunción, Paraguay

Perú
Apartado 03-5023
Salamanca, Lima 3
Perú

República Dominicana
Apartado 1897
Santo Domingo,
Rep. Dominicana

Uruguay
Casilla de Correo 1550
Montevideo, Uruguay

Venezuela
Apartado 47162
Caracas 1041 AVenezuela

Estados Unidos
Oficina Latinoamericana
P.O. Box 83222
Miami, Florida 33283, USA

Ministerio Hispano, Estados Unidos
P.O. Box 790608,
San Antonio, Texas, 78279-0608